ro
ro
ro

Zu diesem Buch

Als Bodo Mrozek die «Aktion Artenschutz» zur Rettung bedrohter Wörter ausrief, erreichten ihn viele tausend Zuschriften: Anorak, Barbier, Grisette oder Mantalette – all diesen Begriffen droht das Verschwinden aus unserem Wortschatz. Doch viele von ihnen sind zu schön, als dass man sie einfach vergessen sollte. Bodo Mrozek hat sich ihrer angenommen und ruft sie uns in Erinnerung: In unterhaltsamen Wort-Geschichten erklärt er ihre Herkunft, Bedeutung und die Gründe des Aussterbens. Eine ebenso amüsante wie spannende Lektüre für alle, die die Vielfalt unserer Sprache lieben.

Der Autor

Bodo Mrozek, geboren 1968, lebt als Autor und Journalist in Berlin. Zuletzt veröffentlichte er im Rowohlt Taschenbuch Verlag den ersten Band des «Lexikons der bedrohten Wörter», der ein Verkaufsschlager (neudeutsch: Bestseller) wurde.
Weitere Informationen unter:
www.bedrohte-woerter.de

Bodo
Mrozek

Lexikon
der bedrohten Wörter
Band II

Rowohlt
Taschenbuch
Verlag

Bildnachweis:
S. 48 Radierung von Daniel Chodowiecki. Aus dem Chodowiecki-Werkverzeichnis von Jens-Heiner Bauer. Sie wurde freundlicherweise von Daniel Horath, Deutsches Historisches Museum, zur Verfügung gestellt.
S. 82 Heinz Nixdorf MuseumsForum, Paderborn
S. 93 Die Zeichnung wurde freundlicherweise von Alfons Schweiggert zur Verfügung gestellt.
S. 104 Aus: Karl Philipp Moritz, Vorbegriffe zu einer Theorie der Ornamente
S. 118 Aus: Richard Knötel, Handbuch der Uniformkunde
S. 157 Aus: Privatbesitz
S. 170 Kupferstich von Joseph Friedrich zu Racknitz aus: Karl Gottlieb von Windisch, Briefe über den Schachspieler des Hrn. Von Kempelen
S. 183 Aus: Privatbesitz
Trotz aller Sorgfalt konnten die Urheber des Bildmaterials nicht in allen Fällen ermittelt werden. Es wird ggf. um Mitteilung gebeten.

Originalausgabe
Veröffentlicht im Rowohlt Taschenbuch Verlag,
Reinbek bei Hamburg, Dezember 2006

Umschlaggestaltung ZERO Werbeagentur, München
Satz Kepler PostScript (InDesign)
bei Pinkuin Satz und Datentechnik, Berlin
Druck und Bindung Clausen & Bosse, Leck
Printed in Germany
ISBN 13: 978 3 499 62193 2
ISBN 10: 3 499 62193 2

«Am Anfang war das Wort.»
(Johannes, Apostel)

Auf ein Wort

«Man lass ein Lexikon nur den Verdammten schreiben.»
Kaspar von Stieler, Enzyklopädie (1691)

Das Aussterben von Wörtern ist ein Prozess, der bislang wenig Beachtung fand. Als Ende des Jahres 2005 der erste Band des «Lexikons der bedrohten Wörter» erschien, war selbst dem Verfasser, der sich eingehend mit der Materie befasst hatte, die Brisanz des Themas nicht in vollem Umfang bewusst. Und auch heute, da der zweite Band vorliegt, sind wir noch weit davon entfernt, das ganze Ausmaß des Verschwindens nur annähernd zu erkennen. Warum?

Wer die 80er Jahre noch selbst miterlebt hat, war mit Bedrohungen aller Art konfrontiert. Waldsterben und Walsterben waren in aller Munde, denn aussterbende Tiere und Pflanzen erregen – vollkommen zu Recht – Mitleid. Das Wörtersterben hingegen ist ein schleichender Prozess, der zumeist im Verborgenen und in aller Stille stattfindet. Dabei sind Wörter oft viel älter als Menschen, Tiere oder Pflanzen. Sie sind von Mund zu Mund gegangen und haben so viele Geschichten erzählt, dass sie auch selbst eine Geschichte haben. Wer sich mit dieser Geschichte beschäftigt, wird feststellen, dass es sich bei den bedrohten Wörtern nicht etwa um bloße Worthülsen handelt. Wörter erscheinen dann vielmehr als lebendige Wesen in unserer Sprache. Ihr Tod muss deshalb schmerzen. Meist vollzieht er sich so allmählich, dass wir den Verlust erst bemerken, wenn es schon zu spät ist: wenn uns die Worte fehlen.

Die Idee zum «Lexikon der bedrohten Wörter» geht auf verschiedene Ereignisse zurück. Zum einen gab es die Rechtschreibreform, die bekanntlich wenig erfreulich verlief und zu heftigen ➶ Zwistigkeiten führte. Doch ging es hier meist um die Form und kaum um Inhalte unserer Sprache. Im Vordergrund aller Debatten standen Schreibweisen, Kommaregeln, Bindestriche. Mindestens so wichtig wie diese zweifellos notwendigen Verkehrsregeln der deutschen Sprache erscheinen jedoch die Autos, also die Wörter, und – um bei diesem Bild zu bleiben – ihre Insassen: wir selbst. Wo kommen wir her und wo fahren wir hin? Wer Sprachwandel und Sprachgeschichte ergründen möchte, muss Wort für Wort vorgehen und sich gewissermaßen archäologisch in die Tiefensedimente des Sprachgedächtnisses hineinarbeiten. Die Ergebnisse sind oftmals überraschend.

In der vergangenen Zeit erregten Neuwörter, so genannte Neologismen, einigen Unmut, vor allem modische Anglizismen riefen viele Sprachfreunde auf die Barrikaden. Energisch wird gegen Neuwörter gekämpft. Für alte Wörter, die es doch zu bewahren gilt, interessierte man sich dabei weniger. Wer sich eingehender mit ihnen beschäftigt, wird feststellen, dass viele ebenfalls aus Fremdsprachen stammen. Wer weiß schon, dass der Anorak der Sprache der Eskimos entlehnt ist und der Kummerbund der indischen Sprache Hindi?

Das Wort Lexikon stammt aus dem Griechischen. Es leitet sich von den Wörtern *lexis* (die Rede, das Wort) bzw. *legein* (sammeln, lesen) und *biblion* (Buch) ab. Ein Lexikon ist also eine das Wort betreffende Sammlung von Texten. In diesem Sinn ist auch dieses Buch ein Lexikon. Anders aber als wissenschaftliche Lexika oder rein der Sprache gewidmete Wörterbücher leistet sich dieses Buch auch die Freiheit subjektiver Betrachtungen jenseits des verbissenen Ernstes der üblichen Sprachkämpfe. Damit steht es durchaus in der Tradition der Enzyklopädien des 18. und 19. Jahrhunderts. Auch in jenen Nachschlagewerken finden sich ausgesprochen meinungsfreudige Texte.

Enzyklopädien haben eine lange Geschichte. Das erste bekannte Buch deutscher Sprache, der Abrogans (790 n. Chr.), war bereits ein Wörterbuch. «Sprachforschung [...] hat mich noch nie in der Weise befriedigen können, dass ich nicht immer gern von den Wörtern zu den Sachen gelangt wäre.» Dieser Satz stammt von keinem Geringeren als Jacob Grimm (1785–1863), der gemeinsam mit seinem Bruder Wilhelm nicht nur eine bekannte Märchensammlung, sondern mit dem «Deutschen Wörterbuch» 1838 auch die wichtigste Wörtersammlung in der Geschichte der deutschen Sprachwissenschaft begonnen hatte.

Auch diesem Buch geht es nicht nur um die Sprache selbst. Wenn Wörter verschwinden, dann hat sich nicht nur die Sprache verändert, sondern meist auch etwas in unserem Leben. Dabei kann es sich um vergleichsweise geringfügige Änderungen wie die Kleiderordnung handeln, aber auch um weitreichende Modernisierungsprozesse der Moral oder des privaten Lebens. Ein bedrohtes Wort steht gewissermaßen auf der Schneide dieses Prozesses. Ist es bereits kaum mehr bekannt, kann man es als einen Anker in die Geschichte hinein betrachten. So mag aus der Gesamtheit vieler Wortgeschichten im Idealfall so etwas wie eine kleine Geschichte des Alltags oder des privaten Lebens entstehen, die oftmals eine Sitten- oder Moralgeschichte ist – wie man am Bedeutungswandel von Wörtern wie ↗ Freier oder ↗ Hochzeitsnacht («Lexikon der bedrohten Wörter», Band I) ablesen kann.

Es würde mich freuen, wenn das vorliegende Buch das Ausmaß der Bedrohung alter Wörter nicht nur ausloten und beispielhaft illustrieren würde, sondern wenn es einige Wörter vor dem traurigen Schicksal des Vergessens retten könnte. Dies ist freilich mehr, als ein Buch alleine leisten kann. Mit dem Erscheinen des ersten Bandes wurde deshalb die «Aktion Artenschutz» ins Leben gerufen. Unter der Adresse *www.bedrohte-woerter.de* kann man Artenschutz für bedrohte Wörter eigener Wahl beantragen, geeignete Exemplare werden in eine Rote Liste aufgenommen. Die Resonanz ist überraschend. Innerhalb weniger Monate gingen mehr als 20 000 Wortmeldungen ein. Darunter nicht nur bundesrepublikanische Wörter wie der ↗ Kündigungsschutz oder halb vergessenes DDR-Deutsch wie das ↗ Broika. Aus Österreich wurde etwa der Paradeiser (vgl. auch ↗ Paradiesapfel) gemeldet, aus der Schweiz das chiben bzw. ↗ keppeln. Regionalismen und Wörter aus Mundart und Dialekt sollen hier nicht berücksichtigt werden. Auch ist es nicht um alle Wörter schade. Manchen Begriffen – Schimpfwörtern etwa – wird man die ewige Ruhe gönnen, doch gelegentlich ist ihre Geschichte es wert, erzählt zu werden. Mittlerweile ist so ein lebendiges Forum entstanden, in dem Leser über Sprache, ihre Herkunft und ihre Bedrohung diskutieren.

Das überraschend große Echo auf den ersten Band bestärkte mich darin, einen zweiten vorzulegen. Etliche der aufgenommenen Wörter haben Nutzer des Internet-Forums vorgeschlagen. Viele sachdienliche, oft anonyme Hinweise aus der Bevölkerung führten so zur Ergreifung flüchtiger Wörter. Dafür möchte ich mich bedanken. Mein Dank gilt auch meiner Lektorin Barbara Laugwitz, die mich zu diesem Lexikon anstiftete. Für Korrekturen danke ich Tanja Dückers, Michael Philipp und David Wagner. Ein persönlicher Dank für Geduld und liebevolles Verständnis geht an Claudia Winter.

Der Kampf gegen das Vergessen ist mit diesem Band keineswegs beendet. Im Gegenteil. Beim Wörterschutz stehen wir noch immer am Anfang. Es sei deshalb darauf hingewiesen, dass es mit dem Lesen dieses Buches allein nicht getan ist. Zur Rettung bedrohter Wörter gibt es nur ein Mittel. Mit etwas Mut können selbst Ammen, Berserker, Beutelschneider, Dirnen, Dützer, Galane und Schlawuzis bedrohte Wörter erhalten und zu neuem Leben erwecken. Sie müssen sie nur in den Mund nehmen.

Bodo Mrozek

A

Allbuch Noch in den 1950er Jahren nachgewiesenes Wort für «Nachschlagewerk». Es handelt sich vermutlich um eine missglückte Eindeutschung des griechischstämmigen Wortes Lexikon.

Amme Bis ins frühe 20. Jahrhundert hinein galt es für bürgerliche Frauen als unschicklich, ihre Säuglinge selbst zu stillen. Zu diesem Zweck stellte man eine A. ein, auch Milchmutter genannt. Die A. war überdies mit der Erziehung und Betreuung der Nachkommen beschäftigt, während die feine Dame über die Trottoirs lustwandelte und ihre Gäste im Salon empfing. Kinder verschiedener Mütter, die von derselben Amme versorgt wurden, nannte man Milchgeschwister. Die A. starb mit dem Niedergang des Bürgertums nahezu vollständig aus. Seit Frauen sich nicht mehr nur um die Kinder, sondern auch um ihre Karrieren kümmern müssen, besteht allerdings wieder größere Nachfrage nach Ammen. Das Stillen bleibt heute der leiblichen Mutter vorbehalten. Ammen heißen nun Tagesmütter oder englisch *Babysitter*.

Angströhre Als das Bürgertum noch existent und an seiner standesgemäßen Kleidung zu erkennen war, ein volkstümlicher Ausdruck für den ➶ Kopfputz der Besitzenden und Gebildeten, den Zylinderhut. Diese traditionell aus Filz gefertigte, hohe Kopfbedeckung war bereits im 15. Jahrhundert bekannt. Anfänglich galt sie namentlich dem Adel als unschick und zierte die hohen Häupter allenfalls beim Ausritt. Erst mit der Französischen Revolution wurde der Zylinder als Ausdruck bürgerlicher Gesinnung straßentauglich. Im 19. Jahrhundert wandelte sich die Kleiderordnung abermals, nun galt der Bürgerhut als Merkmal der Kaisertreuen. Das Wort A. wurde oft mit der Examensangst früherer Studenten erklärt, die vorschriftsgemäß in Gehrock und Zylinder geprüft wurden. Bekleidungsforscher suchen den Ursprung des bedrohten Wortes jedoch in der Revolution von 1848. Damals war die Stadt Wien von kaiserlichen Truppen eingeschlossen. Kurz vor dem Fall warfen die Belagerten ängstlich ihre breitkrempigen Demokratenhüte fort und holten die Zylinder wieder aus dem Schrank, um so verkleidet der Erschießung durch ein Standgericht monarchistischer Militärs zu entgehen. Das bürgerliche Requisit erregt beim heutigen modebewussten Bürgertum allenfalls noch eine Form von Angst: als ➶ Parvenü zu gelten. Angströhren trägt man nicht einmal mehr zur Hochzeit. Sie führen als Berufsbekleidung von Kutschern, Schornsteinfegern, Zauberkünstlern und Zirkusdirektoren ein Nischendasein und sind gesellschaftlich allenfalls noch beim Pferderennen im britischen Ascot gebräuchlich.

Anorak Wer in der zweiten Hälfte des 20. Jahrhunderts aufwuchs, wird sich an dieses Kleidungsstück erinnern: Es war mit einer unter dem Kinn fest verschnürbaren Kapuze versehen, hatte meist einen Reißverschluss, und manchmal Zierschnallen und Ösen von zweifelhaftem dekorativen Wert auf der Brust. Praktisch veranlagte Eltern zwängten ihre Kinder in derartige wind- und wetterfeste Schlupfjacken, in denen sie dann dezent an Heinzelmännchen (neudeutsch: Schlümpfe) erinnerten. Kaum mehr bekannt aber ist, dass A. eines der wenigen aus der Eskimosprache importierten Wörter ist. In der grönländischen Amtssprache Kalaallisut bedeutet das Wort *annoraaq* so viel wie «etwas gegen den Wind». Ein echter A. war denn auch aus warmem Robbenfell genäht. Heute ist die Robbe ebenso vom Aussterben bedroht ist wie das Wort A. selbst. Man trägt *Windbreaker* aus *Hightech*-Fasern. Vgl. auch ➶ Pelerine.

B

Badetag Die Geschichte der Hygiene ist relativ jung. Zwar erfreuten sich Badehäuser schon in der Antike großer Beliebtheit. Im Mittelalter jedoch war Sauberkeit keine verbreitete Tugend, wie der Bericht eines Gesandten des Kalifen von Al-Hakam über die Europäer im Jahr 973 n. Chr. beweist: «Aber du siehst nichts Schmutzigeres als sie! Sie reinigen und waschen sich nur ein- oder zweimal im Jahr mit kaltem Wasser. Ihre Kleider aber waschen sie nicht, nachdem sie sie angezogen haben, bis dass sie in Lumpen zerfallen.» Erst die islamischen Mauren exportierten die Hygiene nach Nordeuropa, dort aber traf sie auf wenig Gegenliebe, da den Asketen das Baden als Verweichlichung galt. Immerhin brachten die Kreuzfahrer das Dampfbad aus dem Orient mit, auch versahen Seifensieder bereits ihren wertvollen Dienst am Körper. In der frühen Neuzeit kursierte die Körpersäfte-Theorie, der zufolge das Baden eine gefährliche Angelegenheit ist, weil Wasser durch die Poren in den Körper gerate und sich dort mit dem Blut vermische. Noch im Barock bekämpfte man unangenehme Gerüche selbst bei Hofe mit Parfüm und nicht mit Wasser und Seife, der «Sonnenkönig» Ludwig XIV. (1638–1715) konnte sich rühmen, nie im Leben ein Bad genommen zu haben. Als sich die Erkenntnis Bahn brach, dass Sauberkeit auch Krankheiten verhindern kann, erlernte der Mensch das Waschen wieder.

Im 20. Jahrhundert ging das so: Einmal in der Woche, meist am Samstag, wurde der Badeofen kräftig eingeheizt und alsdann ein Wannenbad eingelassen, in das nacheinander alle Familienmitglieder stiegen und mit Bürsten, Schwämmen und Kernseife den Schmutz der vergangenen sechs Tage herunterschrubbten. So war man blitzsauber für Sonntagsstaat und -braten. Wannenbäder waren lange Zeit ein großer Luxus, sie mussten mit teuren Kohlen umständlich beheizt werden, wobei es aber oftmals auch ein fassähnlicher Waschzuber tat. Unter der Woche musste eine so genannte Katzenwäsche ausreichen, bei der Wasser ins Gesicht gespritzt wurde und man sich mit kleinen Seif- bzw. Waschlappen abrieb. Noch in der zweiten Hälfte des 20. Jahrhunderts waren solche Lappen üblich, die an mit Namensschildchen versehenen Häkchen neben lustigen Prilblumen hingen, mangels Weichspüler meist bretthart eingetrocknet.

Jeweils zwei pro Person – einer «für untenrum» (meist in gedeckten Erdfarben gehalten) und einer für «obenherum» (hellblau für Jungen, rosa für Mädchen). Erst der zunehmende Wohlstand und namentlich die Verbreitung der Dusche ermöglichten allen Gesellschaftsschichten die werktägliche Rundumreinigung – selbst mehrmals am Tag. Pate stand der Arzt Oskar Lassar (1849–1907), der 1874 den Verein für Volksbäder gegründet hatte (Wahlspruch: «Jedem Deutschen wöchentlich ein Bad!»). Anlässlich der Berliner Hygieneausstellung von 1883 überzeugten sich mehr als 7000 Besucher von der Innovation und nahmen für 10 Pfennige ein Brausebad in einer eigens dafür errichteten Wellblechkabine. Auch das preußische Militär wirkte hier modernisierend, es hatte bereits 1879 begonnen, seine Kasernen mit Großraumduschbädern auszustatten.

Noch bis Anfang des 21. Jahrhunderts boten öffentliche Badeanstalten Wannenbäder in abgeteilten Kabinen für Menschen ohne eigene Nasszelle an – die zuletzt nur noch von ➶ Rentnern und Studenten genutzt und allmählich abgeschafft wurden. Heute haben diverse Essenzen Einzug in die Bäder gehalten, die vom Aromaerlebnis über die Stimmungsaufhellung bis zum hautstraffenden Ganzkörperpeeling viel mehr bieten sollen als nur Sauberkeit. Wo tägliche Hygiene kein Luxus mehr ist, geht der Trend zum Erlebnis-, *Anti-Aging-* bzw. Wohlfühlbad, das man nicht mehr zwischen tristen Fliesenwänden, sondern in dem mit *Whirlpool* und Farbtherapielampen zum so genannten Spa aufgemotzten heimischen *Wellnesscenter* einlässt. Das Wort B. wird derweil vom Fluss der Zeiten weggespült wie Seifenschaum.

Bambule

Ein vor allem durch Lärm vorgetragener Protest bzw. Tumult, der sich in ein Tohuwabohu auswachsen kann. Seit ein Fernsehspiel des Südwestfunks 1970 das Wort im Titel führte, ein Begriff der politischen Linken. Die Journalistin und spätere Terroristin Ulrike Meinhof (1934–1976) hatte in dem Fernsehfilm «B.» die autoritäre Heimerziehung kritisiert. Das Wort machte kurz als Titel einer politischen Zeitschrift Karriere und war auch der Name einer Wagenburg von Rollheimern, die der Hamburger Senat unter einem rechtsgerichteten Innenminister im Jahre 2002 räumen ließ. Seitdem ist das Wort weitgehend ungebräuchlich, außer etwa als Name eines Mixgetränkes, das Rotwein mit Cola verwässert. Die ursprüngliche Bedeutung ist kaum noch bekannt: Das Wort geht auf den kreolischen Trommeltanz *bamboule* zurück und bezeichnete in der rotwelschen Gaunersprache eine Gefängnisrevolte, die durch lautstarkes Schlagen gegen die Gitterstäbe zu Gehör gebracht wurde.

Bankert Schimpfwort für ein un- bzw. außerehelich gezeugtes Kind. Leitet sich vom mittelhochdeutschen Wort *banchart* (Bank) her. Der Begriff beinhaltet die Anspielung, das Kind sei nicht ordnungsgemäß im weichen Ehebett, sondern auf einer harten Bank (etwa in der Dienstmädchenkammer) entstanden. Zeugte ein Mitglied des Adels ein Kind mit einer Angehörigen eines niederen Standes, so sprach man in feudalistischer Zeit auch von einem Bastard. Im Gegensatz zum B. hat sich dieses Wort erhalten, allerdings unabhängig von seiner überkommenen Bedeutung. Diente namentlich in ➶ Pferdeopern als Schmähwort für ➶ Ganoven.

Barbier Einer alten Regel zufolge lässt ein Mann sich nur von drei Personen berühren: von seinem Schneider, seiner Ehefrau und seinem B. (die Reihenfolge ist variabel). Zudem darf vermutet werden, dass auch noch andere Personengruppen in Frage kamen, die hier geflissentlich übergangen wurden. Seit Mitte des 20. Jahrhunderts stimmt diese Behauptung ohnehin nicht mehr, denn mindestens eine der genannten Gruppen ist hierzulande schon so gut wie ausgestorben: die der Barbiere. Noch im 19. Jahrhundert waren Bart- und Gesichtspflege eine Aufgabe, die der Mann von Welt einem Experten überließ (aus dem Lateinischen *barba* – Bart). Dieser puderte und tupfte, schabte und schnitt mit einem säbelartigen und extrem scharfen Messer den Wildwuchs aus dem Gesicht und verteilte dort Duftwässerchen, oftmals allzu verschwenderisch.

In die Annalen der Weltgeschichte schaffte es ein spanischer B. mit Namen Figaro. In der Oper «Der B. von Sevilla» übt sich der geschäftstüchtige B. in der ➶ Kuppelei, um einem Grafen beim ➶ Freien zu helfen (die Uraufführung in Rom 1784 wurde übrigens unfreiwillig zum ➶ Ulk, da die Instrumente verstimmt waren, ein Darsteller mehrfach stolperte und eine Katze ungebeten auf der Bühne erschien). Mehr als nur ein Ort für fachgerechte Enthaarung war der B.-Salon ein wichtiger Umschlagplatz für gesellschaftliche Neuigkeiten aller Art. Klatsch und Tratsch waren hier ebenso beheimatet wie Kamm und Rasierpinsel.

Das Ende der Institution des Barbierwesens läutete vermutlich eine amerikanische Erfindung aus dem Jahr 1934 ein. Schon 1943 surrten in den USA 76 000 Elektrorasierer, drei Jahre später hatte sich deren Zahl verdreifacht. Heutzutage stehen sich in der Männerwelt zwei Konfessionen unversöhnlich gegenüber: die Nass- und die Trockenrasierer. Barbiere walten nur noch in Süd- und Osteuropa und einigen traditionsbewussten Metropolen. Deutsche Männer hingegen müssen schlecht rasiert durchs Leben kommen und den neuesten Klatsch und Tratsch mühsam aus den Gesellschaftskolumnen der einschlägigen Fachpresse herausklauben.

Beckmesserei Unter B. verstand man nicht etwa eine mit scharfer Klinge ausgefochtene Kampfsportart. Vielmehr bezeichnete das abfällige Wort eine besonders kleinliche Kritik bzw. Besserwisserei. Das Wort geht auf eine Oper des Komponisten Richard Wagner (1813–1883) zurück. In seinem 1868 in München uraufgeführten Werk «Die Meistersinger von Nürnberg» bekleckert sich der ➶ Merker Sixtus Beckmesser nicht gerade mit Ruhm. Durch enge Auslegung der Regeln will er einen jungen Konkurrenten von einem Sängerwettstreit ausschließen, um selbst die Siegprämie zu ergattern: die Ehe mit der jungen Eva. Dies freilich nimmt kein gutes Ende, und seitdem ist das überkorrekte Beharren auf Regeln unter dem Namen B. eher übel beleumundet.

Wagner hatte die Figur des Beckmessers als Parodie auf den Wiener Kritiker und Universitätsprofessor Eduard Hanslick (1825–1904) angelegt, der häufig gegen Wagner polemisiert hatte. Seit Mitte des 20. Jahrhunderts bezeichnet das Verb beckmessern angewandte Pedanterie und Engstirnigkeit. Diese Praxis ist leider nicht bedroht, und auch die Kritikerzunft bringt immer wieder neue B. hervor. Aber das Andenken an Sixtus Beckmesser bewahren nur noch hartgesottene Operngänger.

Belt Um das deutschsprachige Liedgut ist es bekanntlich nicht zum Besten bestellt. Die Bundesdeutschen besitzen eine Hymne, von der nur die dritte Strophe als singbar gilt – vorausgesetzt, man kennt den Text. Dass dieser nicht so einfach ist, bewies der Auftritt der deutschen Soul-Sängerin Sarah Connor, die anlässlich der Eröffnung des Münchner Fußballstadions im Jahr 2005 vor 66 000 Zuschauern und Millionen an den Fernsehschirmen statt «blüh im Glanze dieses Glückes» die Zeile «brüh im Lichte dieses Glückes» sang. Anlässlich der Fußball-Weltmeisterschaft 2006 druckte die «Bild»-Zeitung deshalb vorsorglich den Text ab, und im Fernsehen blendete man ihn als Bildschirmtext ein.

Erdichtet hatte August Heinrich Hoffmann von Fallersleben (1789–1874) das Lied zur Melodie «Gott erhalte Franz, den Kaiser», die Joseph Haydn (1732–1809) während der Napoleonischen Kriege komponiert hatte. Im Jahr 1841 verkaufte Fallersleben auf der Insel Helgoland den Text seinem Verleger Julius Campe (1792–1867) für vier Goldstücke. Irritationen erregt heute vor allem der Satz «von der Etsch bis an den B.». Während die Etsch als ein munter springendes Rinnsal nahe dem Brenner zumindest Brettsportlern und Bergfexen bekannt sein dürfte, ist der B. als Tourismusziel vollkommen aus der Mode gekommen. Wer weiß noch, dass es sich bei ihm um einen altertümlichen Begriff für die Ostsee handelt (abgeleitet aus dem dänischen *Baelt*), auch als Baltische See bekannt und einstmals Nordgrenze des Herzogtums Schleswig?

Heute stimmen die besungenen Nationalgrenzen mit denen der Bundesrepublik ebenso wenig überein wie damals mit den ersehnten Reichsgrenzen, und auch der inoffizielle Rest der Hymne ist als frommer Wunsch zu werten: «Deutsche Frauen, deutsche Treue/Deutscher Wein und deutscher Sang/Sollen in der Welt behalten/Ihren alten schönen Klang.» Verbessert hat sich seit 1841 vermutlich nur die Qualität des deutschen Weines. Der Sang jedenfalls scheint im Land von Goethe und Grönemeyer ebenso bedroht wie so manches alte Wort.

Berserker

Ein rechter Wüterich war nicht nur zornig. Auch nicht bloß rasend oder fürchterlich. Nein, er wütete wie ein B. Das Wort gehörte lange Zeit zum Standardvokabular der Schriftsteller von Ganghofer über Tucholsky bis Fallada. Eines war stets klar: Wo ein B. wütet bzw. eine B.wut am Wirken ist, da wächst so schnell kein Gras mehr.

Weniger klar ist, worum es sich beim B. eigentlich handelt. Sprachhistoriker gehen davon aus, dass es ein Kompositum, also ein aus zwei Wörtern zusammengesetztes Wort ist: einerseits *ber* (Bär), andererseits *sekr* (Hemd, Gewand). In ein solches Fellgewand sollen sich in grauer Vorzeit skandinavische Krieger gehüllt haben, um die Stärke des Bären zu erhalten und ihre Gegner zu erschrecken. Sie sollen auch maßgeblich für die Entstehung des Glaubens an Werwölfe verantwortlich gewesen sein. Der Redensartenforscher Lutz Röhrich zitiert eine alte Sage: «Odin machte, dass seine Männer in der Schlacht [...] rasend waren wie Hunde oder Wölfe, die in ihre Schilde bissen und stark waren wie Bären oder Stiere, aber weder Feuer noch Eisen verletzte sie; das nannte man ‹berserkirgang›!» Heute vermutet man, dass hier ➶ Rauschgift am Wirken war, denn das Militär praktizierte das Doping nicht erst im Vietnamkrieg, sondern schon im Altertum.

Die Berichte römischer Legionäre über germanische Kämpfer, die mit mehreren Speeren im Leib noch weiterkämpften, nähren den Verdacht auf die Einnahme schmerzhemmender Pilze, doch ist fraglich, ob die Römer zu jener Zeit überhaupt bis ins Gebiet der B. vordrangen. In die neuere Schriftsprache führte Goethe das Wort wieder ein, in «Dichtung und Wahrheit». Der Publizist und Friedensnobelpreisträger Carl von Ossietzky (1889–1938) verglich aus gegebenem Anlass den Deutschen mit dem B.: «Der deutsche Mensch seit Anbeginn seiner Geschichte ein Unsteter, ein wenig Faust, ein wenig Ahasver, auch ein wenig ungläubiger Thomas, ist nun zum B. geworden – er pocht nicht mehr an die Pforten, er sprengt die Riegel. Der Geist des römischen Sklavenführers scheint über Nacht in ihn gefahren zu sein.» Eine Einschätzung, mit der Ossietzky leider recht behalten sollte, wie er am eigenen Leibe schmerzlich erfahren musste. Heute ist das Wort eher selten geworden, sowohl in dichterischem als auch in politischem Gebrauch. Das Schlusswort erhält hier deshalb der sprach- und wissensmächtige Nationalökonom Max Weber (1864–1920). Er schrieb in seiner «Wirtschaftsethik der Weltreligionen» über den Tod des Berserkers: «Das universell verbreitet gewesene charismatische Heldentum nach Art der nordischen B., [...] charismatischer Kriegshäuptlinge, liegt aber schon damals zurück. Es ist nur in Spuren bis in die epische Zeit erhalten.» Und Ernst Bloch (1885–1977) ergänzt in «Das Prinzip Hoffnung»: «Es gibt die alten Götzen nicht mehr, die den B. begeistert haben, doch sie hatten und haben noch Jünger. Das ist das erste Zeichen – dafür, wie in vergangenem Licht gestorben werden kann.»

Beutelschneider Mittelalterlicher Kleinkrimineller, der den rechtschaffenen Bürgersmann mit dem Dolch im Gewande um seine Barschaft erleichterte. Ist vermutlich für das Aussterben lederner Beutel verantwortlich, die man einst weithin sichtbar als Zeichen des Wohlstandes am Gürtel trug. Heute noch (selten) in übertragenem Sinn für unseriöse Geschäftsleute gebräuchlich, die mit dubiosen Methoden bei Haustürgeschäften, Telefonverträgen und Versicherungen ihren finanziellen Vorteil suchen. Vgl. auch ➶ Ganove und ➶ Spitzbube.

Binder Man führt ihn auf den französischen König Ludwig XIII. (1601–1643) zurück, dessen Soldaten sich das Binden eines Halstuches von kroatischen Kavalleristen abgeguckt haben sollen. Sprachhistorikern zufolge bedeutet das Wort Krawatte nichts anderes als Kroate. In einem Handwerkslied von 1805 heißt es etwa: «Haben noch einen harten Stand – Bis nunter ins Krawattenland.» Noch älter sind allerdings die Binden, die um die Hälse der so genannten Terrakottakrieger geschlungen sind, die das Grab des chinesischen Kaisers Shi Huangdi (221–206 v. Chr.) bewachen. Der modische B., der sich bis heute erhalten hat, wird von Bekleidungsforschern auf die Halstücher von Söldnern zurückgeführt.

Einst waren diese langen Tücher aus Musselin oder einem Stoff namens Kambrik gewirkt und mit Spitzen besetzt. Ein Text von 1688 beschreibt sie als «nichts anderes als ein langes Tuch, das um den Kragen gelegt und auf der Vorderseite zu einem Kreuzknoten geschlungen wird». Klimahistoriker erklären es mit einer Abkühlung des Kontinents, der so genannten kleinen Eiszeit zwischen 1570 und 1630 sowie zwischen 1645 und 1715: Aufgrund verminderter Sonnenaktivität kam es zu einer jahrzehntelangen Abkühlung. Niederländische Kanäle und selbst die Lagune von Venedig froren monatelang zu. Die Fachleute führen auch andere Prozesse darauf zurück: etwa das Aussterben der Wikingerkolonie auf Grönland, aber auch Hungersnöte und in direkter Folge die Französische Revolution.

Den Spekulationen mancher Wissenschaftler zufolge waren selbst die Hexenverfolgungen durch halluzinogene Pflanzen begünstigt, die aufgrund der Klimaveränderungen eingeschleppt wurden. Verglichen mit alledem, ist die Geburt des Binders eine minder schwere, wenngleich wohl die langfristigste Folge, da ihre Nachwirkungen bis heute sichtbar sind. So gesehen ist der B. die Endmoräne am Hals der Nachgeborenen. Doch egal, ob gegen die Kälte oder aus modischen Erwägungen: Fest steht, dass seit dem 17. Jahrhundert der Mann von Welt seinen Hals mit einem Tuch schmückte.

Man trug den *Stock*, ein schmales weißes Band, das aus dem Militär stammte. Im Jahr 1830 brachte es ein französischer Ratgeber bereits auf 72 verschiedene Halstuch- und B.knoten – weit mehr, als ein geübter Segler beherrscht. Der bis heute übliche Langb. entstand Mitte des 19. Jahrhunderts als Abgrenzung zur so genannten Fliege, etwa dem *Papillon* (Schmetterlingsschleife) oder dem *Batswing* (Fledermausschleife), die man bis heute zum Smoking trägt. Pioniere waren Studenten der Oxford University, die sich 1880 ihre Hutbänder um den Kragen gebunden und so die Clubkrawatte kreiert haben sollen. Den Prototyp des bis heute erhaltenen B. entwickelte 1924 der New Yorker Jesse Langsdorf: Er schnitt als Erster den Stoff so, dass das Gewebe im 45-Grad-Winkel zur Laufrichtung lag. Weil die Seide so weniger knitterte und haltbarer war, ließ er sich die Methode klugerweise gleich patentieren. Der Fluch liegt bis heute im Knoten.

Verlässliche Statistiken über die Zahl der Männer, die sich ihre Krawatte von der Ehefrau binden lassen, liegen nicht vor, jedoch dürfte der Anteil erschreckend hoch sein. Verdienste erwarb sich der Herzog von Windsor, nach dem ein verhältnismäßig einfacher Knoten benannt ist, den selbst Rollkragenfreunde mit etwas Übung leicht beherrschen. Die Zeiten, in denen strenge Türsteher (neudeutsch: *Bouncer*) vor den Toren der Diskotheken über das Einhalten des strengen B.zwanges wachten, sind vorbei. Auch an den meisten Arbeitsplätzen darf man heute mit offenem Kragen erscheinen, und beim Sonntagsspaziergang wandelt selbst der Bürgersmann Hut- und B.los unter freiem Himmel.

B. sind heute, da man sogar Spielcasinos «oben ohne» betreten darf, ein Ausdruck der Hierarchie in der Angestelltenwelt bzw. Teil der Uniform jener Berufe, die als unseriös gelten und daher durch äußere Kennzeichen den fehlenden Vertrauensgewinn ausgleichen müssen, wie beispielsweise im Finanz- und Versicherungswesen und in der Politik. Der Modemacher Paco Rabanne stellte dazu fest: «Die Krawatte ist ein Strick zum Aufhängen, wie ihn Vasallen im Mittelalter um den Hals trugen. Ich möchte aber keinen Herren über mir haben. Der Schlips ist für mich ein Symbol der Unfreiheit.» Psychologinnen halten besonders auffällige oder lange B. für eine Art Fruchtbarkeits- bzw. Phallussymbol. Allerdings nennt man den dezent oder grell gemusterten, oftmals mit albernen Tiersymbolen versehenen Halsschmuck von heute nicht mehr B. Auch das Wort Schlips klingt reichlich angestaubt. Man spricht von Krawatten. Vgl. auch ➶ Vatermörder.

blümerant Das Adjektiv zeigte eine Verstimmung an, die von einem leichten Unwohlsein bis hin zur Ohnmacht reichen konnte. Gerade Damen sanken bis ins frühe 20. Jahrhundert in diesem Sinne oft danieder – und gelegentlich in die Arme eines bereitstehenden Casanovas, Charmeurs oder Kavaliers. Schuld an solchen Zuständen konnte eine Bemerkung sein, ein allzu tiefer Blick ins Sektglas, meistens aber eine weitverbreitete Modetorheit. Die Damenwelt jener Jahre schnürte sich den Leib in Korsetts und Staffagen, was bei fester Schnürung und zu wohlgeformter Leibesfülle zu Atemnot führen konnte. Damals wurde einem noch nicht schwarz, sondern blau vor Augen, was vornehm auf Französisch ausgedrückt *bleu morant* (blassblau) hieß. Dort soll das Wort seine Herkunft haben. Eine andere Deutung geht davon aus, dass manche der schwindeligen Damen sogleich aufs *plumeau* sanken, womit ein kleines Federbett gemeint war. Heute sind derart empfindsame Damen selten geworden. Ihre vornehmen Worte nahm die leicht errötende und ermattende Damenwelt leider mit ins weiche Federbett des Vergessens. So sinken sie dahin und verblassen allmählich in vornehmem Blau. Uns wird darob schwarz vor Augen.

Bockshorn

Bekannt ist zwar, dass man sich nicht ins B. jagen lassen sollte oder, wie man heute noch sagt: nicht bange machen lassen. Die Herkunft jener Redewendung aber ist so dunkel wie die alten Bräuche, auf die das schöne Wort zurückgehen soll. Immerhin taucht es schon im frühen 16. Jahrhundert in einer Redensart auf: «In ains Poch horen treiben.» Ob das B. aber aus dem Lutherdeutsch genannten Vokabular eines bekannten deutschen Kirchenreformers stammt, einfach nur das Horn eines männlichen Nutztieres meint, eine Wiese mit Bockshornklee *(Foenum*

Graecum), die Bocksstall genannte Strafecke für bockige Kinder in einer Schule bezeichnet, ein vergessenes Folterinstrument der heiligen Inquisition oder gar den ➶ Kopfputz des Unaussprechlichen höchstselbst, also das Gehörn des Satans – darüber streiten die Gelehrten. Von solchem ➶ Zwist sollte man sich allerdings weder in eine spitze Röhre noch sonst wohin jagen lassen und dieses schöne Wort stattdessen einfach wieder angstfrei verwenden.

Bredouille

Sprache folgt ja weniger exakten mathematischen Regeln, sie ist eine eher verspielte Angelegenheit. Dies beweist dieses schöne Exemplar: Das Wort B. stammt aus dem Brettspiel Trictrac (auch Wurfzabel oder Tabula genannt), wo es einen Spielvorteil anzeigte. Jenes mittelalterliche Spiel, das auch kurz Puff genannt wurde, schrieb Sprachgeschichte: Da man es in Freudenhäusern gern spielte, verdanken auch diese Etablissements ihren Namen dem seit alttestamentarischer Zeit bekannten Vorläufer des Backgammon. Man übertrug den Namen des Spiels kurzerhand auf die Häuser, in denen es gespielt wurde. Seit dem 18. Jahrhundert allerdings hat

Im Puff konnte man schnell in die Bredouille geraten: mittelalterliches Wurfzabel-Spiel.

sich die Bedeutung grundlegend geändert: Wer in die B. gerät, der steckt im wahrsten Sinne des Wortes in der Klemme bzw. befindet sich in einer überaus misslichen Lage. In einer ebensolchen steckt auch das Wort selbst, denn es erklingt nur noch selten. Aus dieser B. sollte man es schnell befreien.

Breger Das Bettelhandwerk ist einer der ältesten Berufe und wird auch heute noch mit allen Raffinessen ausgeübt. Nur sind die Unterscheidungskriterien in Vergessenheit geraten, weshalb alle Bettler leichtfertig über einen Kamm geschoren werden. Das *Liber Vagatorum*, das Buch der ➶ Vaganten, hatte es sich schon im Jahre 1510 zur Aufgabe gemacht, eine ausführliche Typologie der Bettler zu entwickeln. Es listet 28 Bettlertypen auf, enthüllt ihre Tricks und Maschen und gibt Ratschläge zum Umgang mit ihnen. Unter einem B. verstand der anonym gebliebene Autor einen «hausarmen, obdachlosen Mann mit kleinen Kindern, der in der Stadt oder dem Dorf, wo er heischt, bekannt ist, und wenn sie mit Arbeit weiterkämen, ließen sie ohne Zweifel von dem Betteln ab». In Zeiten von *Downsizing* und *Outsourcing* ist dies heute so treffend wie damals. Daher gilt auch heute noch die «Conclusio: Diesen Bettlern ist wohl zu geben, denn es ist gut angelegt.» Nicht zu verwechseln mit dem ➶ Dützer.

Broika Speisetier, das unter diesem Namen ausschließlich auf ostdeutschen Tellern zur Zeit der DDR

(1949–1990) vorkam. Anders als sein Bruder, der Broiler (ein gerupftes und gegrilltes Masthähnchen), war das B. jedoch seltener und meist nur an Festtagen auf den Tafeln anzutreffen. In ungegartem, also lebendigem Zustand hörte es auf den Namen Kaninchen (lateinisch *cuniculus*, mittelhochdeutsch *künlin*). Zur praktischen Nutzanwendung empfahl «Das kleine Haushaltsbuch» der DDR, «das Fehlen des herzhaften Wildgeschmackes durch Einlegen des Fleisches vor dem Braten in eine Beize aus Essigwasser und Gewürzen – auch Buttermilch ist geeignet – und durch kräftiges Würzen auszugleichen». Nicht jeder dahergelaufene Feldhase verdiente jedoch die Ehrenbezeichnung B. Diese kam lediglich im Kollektiv aufgewachsenen Exemplaren zu. Denn, so das Nachschlagewerk weiter, «nur in Großbetrieben besonders gezüchtete fleischreiche Kaninchen werden unter dem Namen ‹B.› im Handel angeboten».

BUKO Dieses Akronym steht für das wundersame Langwort Beischlafutensilienkoffer. Unter dieser Spottbezeichnung firmierte in den 1970er Jahren ein Typ Handtasche, der an eine alte Arzttasche erinnerte. Was in jenen Behältnissen transportiert wird, richtet sich ganz individuell nach Vorlieben und Tragkraft, kann neben der Grundausstattung jedoch bis hin zur elektrischen Zahnbürste und einer Garnitur Bettwäsche so ziemlich alles sein. Jedenfalls passt mehr hinein als in ein ➶ Herrentäschchen.

Butterberg Butterberge und Milchseen waren Teil der Agrarlandschaft des 20. Jahrhunderts. Als in den 1950er Jahren die bundesdeutschen Bauern zu wenig produzierten, gab ihnen der Staat eine Abnahmezusage bei garantiertem Preis. Damit sollte der untergehende Zweig der Landwirtschaft gefördert und das Sterben der Höfe verhindert werden. Die Subvention war erfolgreich, fortan wurde kräftig produziert, schließlich gab es ja harte D-Mark für jede Kanne Milch.

Doch schon in den 1960er Jahren bildeten sich erste so genannte Butterberge und Milchseen, weil schlaue Bauern nun ihre Kühe molken wie ➶ Hennecke. Anfangs fand man noch Käufer für die überschüssige Milch, beispielsweise die Sowjetunion. Doch 1984 führte die Europäische Wirtschaftsgemeinschaft (EWG) die so genannte Milchquote ein, die Betrieben eine Mengenbeschränkung beim Melken bzw. Rinderzüchten auferlegte. Drei Jahre später hatte der B. dennoch seinen Gipfel erreicht: mit 1,4 Millionen Tonnen Milchüberschuss. Im Jahr 2001 hatte ein System aus Prämien und Sanktionen endlich gegriffen, der B. war zusammengeschmolzen wie ein Gletscher nach der Eiszeit. Er maß nur noch 59 000 Tonnen, offizielle Quellen sprechen von einem «Hügelchen». Etliche Bauern erhalten EU-Prämien, wenn sie ihre Felder brachliegen lassen. So kann man auch mit Nichtstun Geld verdienen, das Sterben der Höfe setzt sich trotzdem fort. Butterberge und Milchseen gibt es nur noch im Land der ➶ Schlaraffen.

C

Cagot Laut Richard Pekruns in den 1920ern entstandenem Nachschlagewerk «Das deutsche Wort» aus dem Französischen *(cagot)* übernommen für einen stumpfsinnigen Zeitgenossen, auch für einen Heuchler oder einen ➶ Schmock.

Chaiselongue Wie viele Wörter, die mit dem Buchstaben C anfangen, ein aus dem Französischen importierter Begriff für ein Sofa. Wenn der Damenwelt ➶ blümerant wurde, sank sie ohnmächtig und effektvoll erblassend auf die C. darnieder. Zum Beispiel nach dem Genuss von zu viel Champagner oder Chianti in einem Chalet, beim Anblick eines Casanovas, nach einem zu wilden Chaconne (Tanz) zu einem Chanson oder einfach aus einem Capriccio (Laune) heraus. Glücklich, wenn ein couragierter Chevalier charmant herbeieilte – und kein Chochon (schweinischer Charakter). Das Möbelstück sprach man auf gut Deutsch allerdings *Scheeselong* aus.

Characho Auch Karacho. Wer mit C. in seiner Benzinkutsche unterwegs ist, der gibt in aller Regel Vollgas. Man hört das Hochgeschwindigkeitswort mit Recht nur noch selten, denn ursprünglich stammt es aus dem Spanischen, wo es etwas ganz anderes bedeutet: *Carajo* steht dort für Penis. Die küchenpsychologische Theorie, der zufolge besonders aufgemotzte, PS-starke oder aerodynamisch geformte Automobile die Funktion einer symbolischen Verlängerung des männlichen Fortpflanzungsorgans haben, erfährt hier ihre etymologische Bestätigung.

Conférencier Einstmals der aus dem Französischen offiziell eingedeutschte Titel für einen Ansager bzw. Unterhaltungsbeauftragten, der durch einen bunten Abend beim Tanztee (mit Tombola, lustigen Sketchen und gefälligen Bonmots) oder eine Unterhaltungssendung im Fernsehen führt. Heute bekannt als *Show*- bzw. *Talkmaster*.

D

Dänenfilm Siehe ➶ Schwedenfilm.

dalli durch eine Fernsehsendung weit verbreiteter Imperativ. Die Quizshow «Dalli Dalli» (1971–1986) verankerte dieses Wort nachhaltig in der deutschen Umgangssprache. Ihr Moderator Hans Rosenthal (1925–1987), bekannt durch Fernsehsendungen wie «Spaß muss sein», «Das klingende Sonntagsrätsel» oder «Opas Schlagerfestival», feuerte mit diesen Worten seine Kandidaten zu Ratespielchen vor laufender Kamera an. Seit 1975 auch mit der Innovation «Dalli-Klick»: Nun erschien ein Dia als eine Art Puzzlespiel aus mehreren Teilen, die Kandidatenpaare mussten das Motiv erraten. Für besondere Rate-Leistungen gab es das Prädikat «spitze!». Rosenthal fragte zunächst das Studiopublikum: «Sind Sie der Meinung: Das war ➶ spitze?», und vollführte sodann einen Luftsprung. Die Einschaltquoten waren gewaltig. Die erreichten Punkte der Kandidaten wurden in D-Mark und Schilling addiert und kamen notleidenden Familien zugute.

Weniger bekannt hingegen ist der Ursprung des Wortes d. aus dem Polnischen. Dort bedeutet *dalej* so viel wie «weiter!», seit dem 19. Jahrhundert ist die Eindeutschung d. bekannt. Rosenthal wurde übrigens zum «Krawattenmann des Jahres 1971» gewählt (vgl. auch ➶ Herrentäschchen und ➶ Binder). Wiederbelebungsversuche seiner Sendung (zuletzt 1995–1996 mit dem krawattenlosen Andreas Türck) scheiterten, und so muss die Ratenation ein Wort entbehren, das stellvertretend für eine Epoche ausgesprochener Harmlosigkeit und Mildtätigkeit des deutschsprachigen Fernsehens stand. Lang ist's her.

Damengedeck Ein Gläschen Sekt (z. B. der Marke Rotkäppchen) und ein Orangensaft hielten in der DDR die Dame bei Laune und wirkten weit weniger brachial als das ➶ Herrengedeck.

Damenwahl Lange Zeit überließ man den Damen ja die Wahl zwischen Heim oder Herd, Waschen oder Kochen. Erst im Jahre 1869 befand der US-Staat Wyoming auch Frauen für würdig zu wählen, und zwar Politiker. Deutschland und Österreich brauchten noch bis 1918, um dieses Privileg großzügig zu vergeben, die Schweizerinnen waren auf Bundesebene bis ins Jahr 1971 (!) von Wahlen ausgeschlossen (im Kanton Appenzell-Innerrhoden bis ins Jahr 1990), in Liechtenstein bis 1984. Auf den deutschsprachigen Tanzflächen sah es nicht anders aus, wie das bedrohte Wort D. beweist.

Wenn der ➶ Conférencier in freudiger Erregung «Damenwahl!» rief, dann durften sich die weiblichen Tänzer entgegen der Regel ihren Tanzpartner selbst aussuchen. Für die Männer ein Moment, der Adrenalin freisetzte. Erst ein Twist genannter Tanz setzte derlei Formalitäten im

Jahre 1961 ein Ende, denn er war der erste weitverbreitete Gesellschaftstanz des 20. Jahrhunderts, der den Zwang zur Berührung abschaffte und deshalb prompt als ➶ Veitstanz bzw. wegen seiner ungewohnten Unterleibsbewegungen als Sexualtrauma verteufelt wurde. Spätestens seit der Disco-Ära ist der Vorgang des Aufforderns auf der Tanzfläche in etwa so modern wie das Fordern zum Duell. In den Reservaten volkstümlicher Vergnügungsgaststätten und in der Paartanzszene halten sich solche reaktionären Rituale noch hartnäckig, doch die Unterscheidung zwischen Damen- und Herrenwahl ist auch dort weitgehend abgeschafft. Nur in Kontaktkneipen wie dem berühmten Café Keese erinnern noch Leuchtreklamen an jene Zeiten, als man ein Wahlrecht von Damen mit Adjektiven der Verwunderung belegte: «Ball Paradox» nennt sich eine regelmäßige Institution, die den Frauen das Recht zum Auffordern einräumt, vermutlich weil den meisten Männern dazu der Mut fehlt und der Tanz sonst nie in Gang käme.

Datenautobahn

Dieses Wort machte Mitte der 90er Jahre eine fulminante Karriere und wurde spätestens im Jahr 1994 zum Allgemeingut. Im September entwickelten der US-amerikanische Vizepräsident und sein Handelsminister einen Aktionsplan zum Ausbau der nationalen Informationsinfrastruktur (NII) mittels «Multimedia and Information Highways». Nur ein Jahr später legten die Deutschen nach. Das Nachrichtenmagazin «Der Spiegel» warnte vor den Gefahren eines weltweiten Datennetzes, doch die «VDI-Nachrichten» meldeten schon bald «erste

Schritte auf der D.», und die Deutsche Telekom präsentierte ein Glasfaser-Netz von 90 000 Kilometer Länge. Dessen Übertragungsrate besaß im Vergleich zu späteren Netzen allerdings eher Landstraßencharakter.

Die Metapher der Autobahn erfreut sich in Deutschland großer Beliebtheit, auch wenn sich Kritiker beim Vergleich einer Autostraße mit dem Datennetz an die Gemeinsamkeiten von Äpfeln und Birnen erinnert fühlen. Populär wurde das Wort durch eine Fernsehsendung, in der der damalige Kanzler Helmut Kohl auf die Frage nach einer D. in typischer Diktion und frei von Kenntnissen der neuen Technik antwortete: «Die Zukunft läuft in diese Richtung, aber wir brauchen dafür Mehrheiten, und wir sind ein föderal gegliedertes Land, und Autobahnen sind elementar, auch mit Recht, in der Oberhoheit der Länder. Der Zustand, den wir jetzt auf den Autobahnen haben, ist dergestalt, dass wir wissen, wann wir überhaupt nur noch von *Stop and Go* auf Autobahnen reden können.» Bald darauf kursiert dieser Witz: Interview im Bundeskanzleramt. Presse: «Was halten Sie von der Datenautobahn, Herr Kohl?» Kohl: «Da fragen Sie am besten meinen Verkehrsminister!» Heute ist das Wort denn auch fast ausgestorben. Unermüdliche Anglizismenfeinde wollen zwar noch den Begriff Internet durch das Wort Weltnetz ersetzen, doch dieser Kampf erscheint ebenso anachronistisch wie das Autobahnwort selbst.

Stauwarnung auf der Datenautobahn: Fahren Sie an der nächsten Abfahrt rechts raus.

Daus Traditionsbewussten Spielernaturen ist er noch bekannt als Ausdruck für zwei Augen beim Würfeln bzw. die höchste Karte im Kartenspiel. Dieses war in alter Zeit auch als «des Teufels Gebetbuch» berüchtigt. D. ist laut Herkunftsforschern eine Umschreibung für den Unaussprechlichen höchstselbst und bedeute nichts anderes als Teufel. Hierher stammt der Ausruf «Ei der Daus». Doch der ertönt nur noch selten und dürfte nicht einmal in bibeltreuen Kreisen Erschrecken hervorrufen.

Dirne Noch im 18. Jahrhundert eine gängige Bezeichnung für eine Dienstmagd, später generell für ein Mädchen im heiratsfähigen Alter, sank das mittelhochdeutsche Wort alsbald ab. Schon im 15. Jahrhundert diente der Begriff als so genanntes Hüllwort für eine Berufsbezeichnung, die man auch heute noch gern mit Tarnwörtern verschleiert: eine Sexualarbeiterin. Die Dirne war zwar eine gefragte Arbeitskraft, im Unterschied zur ➶ Hetäre wurde sie jedoch nicht mit Prestige honoriert. In Dialekt und Brauchtum hat das Wort noch überlebt, etwa im Wort Dirndl. Dieses nennt dort ein mit tief ausgeschnittenem Mieder, Schürze und neckischen Spitzen versehenes Landkleid. Wer eine solche Wiesn-Tracht jedoch mit der Berufskleidung der Dirnen im alten Sinne verwechselt und eine stolze bayerische oder steyrische Landestochter entsprechend anredet, der sollte sich auf eine kräftige ➶ Maulschelle gefasst machen.

Düppel Siehe ➶ Stanniolpapier.

Dützer Ebenso wie der ➶ Breger ein fast vergessenes Wort für einen Bettler. Im Fahndungsbuch der frühen Neuzeit findet sich folgende Beschreibung: «Das sind Bettler, die seien lange krank gewesen und hätten, wie sie sagen, dem oder jenem Heiligen eine schwere Pilgerfahrt versprochen [...] wo sie nun alle Tage von Haus zu Haus gehen müssten, bis sie fromme Menschen finden, die ihnen drei ganze Almosen geben.» In vielen Großstädten verbreitet sich das Dützertum heute wieder lebhaft. Wer kennt nicht solche Ansprachen: «Ich wollte gerade zu einer Testamentsvollstreckung fahren, aber dummerweise habe ich die Geheimnummer zu meinem Schweizer Nummernkonto vergessen, und weil mein Chauffeur wieder mal Urlaub hat, muss ich jetzt mit dem ICE fahren, aber für einen Fahrschein reicht mein Kleingeld nicht, es wäre also wirklich ganz reizend, wenn Sie mir einen Euro und 62 Cent leihen könnten, die ich Ihnen selbstverständlich zurücküberweise, wenn Sie mir nur eben Ihre Bankverbindung notieren wollen ...» Kurz, der D. ist seit Ende der Vollbeschäftigung wieder ein weitverbreiteter Typus des Schnorrers. Das »Buch der Vaganten» empfahl seinerzeit: «Den Dützern gib nichts [...] die sind halb gut, halb böse, der größere Teil aber ist böse.» Diese Einschätzung teilen wir nicht. Wenn die Geschichte nur gut erfunden ist, dann sollte man so viel Phantasie mit mindestens einem barmherzigen Almosen belohnen.

Dusel Unerwartetes Glück, im Sinne der Redewendung «Schwein gehabt». Einstmals für dämmern, schläfrig sein, z.B. einduseln für einschlafen, oder auch für einen

Zustand, der sich infolge übermäßigen Alkoholgenusses einstellt. Ignatz Wrobel alias Kurt Tucholsky (1890–1935) stellte 1925 in der «Weltbühne» fest: «Der Mensch [...] lebt ständig im Dusel: voll von Staatsmorphium. Er ist nicht allein, sondern hat Kollegen: Sechzig Millionen.» Mittlerweile sind noch etwa zwanzig Millionen hinzugekommen, jedenfalls in Deutschland. Vgl. auch ➶ Masel.

E

Eidam «Meinen Eidam will ich mir auf Europas Thronen suchen!», ließ Schiller noch seinen Wallenstein ausrufen. Da die Verbindung zweier Sippen heute in aller Regel nichts Politisches ist, sondern eine rein private Angelegenheit, dürfte ein solcher Ausruf nur noch in Ausnahmefällen ertönen. Den E. nennt man schlicht Schwiegersohn.

Eisenbahnerkuh Nutztierhaltung hatte schon immer ihren Preis, Kühe waren teuer und Eisenbahner keine Großverdiener. Sie konnten sich allenfalls eine Ziege leisten. Man nannte sie E.

Eppich Ein schönes Wort für den so genannten gemeinen Wurzelkletterer. Der Botaniker kennt ihn unter dem lateinischen Namen *hedera helix*. Obgleich seine Blätter das giftige Saponin enthalten, kann der E. in fachkundiger Dosierung gegen Bronchitis helfen. Sinnesfrohe Götter und ihre sterblichen Anhänger bekränzten mit seinen Ranken ihre Häupter bei bacchantischen Festen. Die frühen Christen betteten auf ihm ihre Toten zur Ruhe; und weil er sich in seinem Wuchs anschmiegsam zeigt, gilt er als Symbol für Liebe und Treue. «Eppich, mein alter Hausgesell/du bist von jungen Blättern hell», wandte sich der Dichter Conrad

Ferdinand Meyer (1825–1898) an die Pflanze. Und sein Kollege Stefan George (1868–1933) empfahl: «Brich den zu wirren eppich/Streue blumen zum teppich!» In Österreich hört er teils noch auf seinen alten, dichterischen Namen. Die meisten kennen die rankende Pflanze nur als Efeu.

F

Ferrophilie Weder eine Schwachheitssünde noch ein der ➚ Wollust zuzurechnendes Laster. Im Gegenteil, Ferrophile sind heute in vielerlei Selbsthilfegruppen zusammengeschlossen, in denen sie ihrer Leidenschaft ganz legal im Kreise Gleichgesinnter frönen. Es handelt sich dabei um ein kaum bekanntes, in Eisenbahnerkreisen geprägtes, mildes Spottwort für Hobbyeisenbahner, die in ihrer Freizeit Kursbücher studieren, Fahrpläne rekonstruieren oder mit elektrischen Miniatureisenbahnen spielen.

Fidibus «Morgens sagt man: Guten Morgen. Haben Sie was zu besorgen? Bringt ihm, was er haben muss: Zeitung, Pfeife, Fidibus.» Diese Unterweisung in wohlerzogenem Verhalten aus der Feder Wilhelm Buschs (1832–1908) hat nicht nur längst ihre Gültigkeit verloren, auch weiß kaum ein Neffe oder eine Nichte mehr, was sich hinter dem bedrohten Wort F. verbirgt. So nannte man einen gefalteten Papierstreifen oder einen harzgetränkten Holzspan, den man am Herdfeuer oder im Ofen entzünden und sodann eine Tobakspfeife damit anbrennen konnte. Über den Ursprung des Wortes streiten sich die Raucher. Eine Erklärung besagt, es handele sich um die Verulkung einer Ode des römischen Dichters Horaz (65–8 v. Chr.): *et ture et fidibus iuvat placare deos* (freundlich stimme die Götter Weihrauch und

Saitenspiel). In einem ➶ Ulk sollen Studenten daraus den Merkspruch «Freundlich stimme die Götter Tabaksrauch und Pfeifenanzünder» geformt haben. Eine andere Legende sucht die Entstehung in den lateinischen Worten *vide bos* (Schau her, du Ochse), mit denen ein Student die Erklärung des F. eingeleitet haben soll.

Firlefanz Der Fuchsschwanz an der Antenne, das gehäkelte Häubchen für die Rolle mit dem Toilettenpapier auf der Hutablage des Autos oder die kupferne Kuhglocke mit graviertem Trinkspruch, die an der schmiedeeisernen Blumenampel über dem gedrechselten Beistelltischchen baumelt: Jede Epoche bildet ihren ganz eigenen F. aus. Das aus dem 13. Jahrhundert stammende Wort steht für die weniger nützlichen Dinge. Manchen machen sie das Leben allerdings erst lebenswert, und über Geschmack lässt sich bekanntlich nicht streiten. Wohl aber darüber, ob dieses Wort bedroht ist. Immerhin ist seine Herkunft kaum noch bekannt. Denn *firlifanz* war der Name eines mittelalterlicher Kreistanzes. Und solche sterben ebenfalls aus. Oder wann haben Sie zuletzt einen Ringelreihen getanzt?

freien Wer auf Freiersfüßen wandelte, der war oft in Gesellschaft eines Blumenstraußes unterwegs und meist bis über die sprichwörtlichen beiden Ohren verliebt. Denn das alte deutsche Verb f., das laut Kluges «Etymologischem Wörterbuch» auf den Reformator Martin Luther (1483–1546) zurückgeht, bezeichnete einst die Tätigkeit der Brautwerbung. Seine Wurzeln liegen jedoch im Mittelhochdeutschen *vrien* (heiraten, werben). Ältere Semester mussten in ihren ➶ Pennälertagen noch Friedrich Schillers (1759–1805) Verse aus der Ballade «Die Bürgschaft» auswendig ➶ pauken: «Ich fleh dich um drei Tage Zeit/ bis ich die Schwester dem Gatten gefreit.» Mit den Jahren ist das Wort Freier ins Rotlichtmilieu abgedriftet, und so raten wir jedem, der ehrbare Absichten hegt, dringend von der Verwendung ab. Andernfalls sind Missverständnisse vorprogrammiert, die schlimmstenfalls die geplante Eheschließung vereiteln könnten.

frohlocken «Jauchzet und frohlocket», heißt es leider nur noch in der Kirche. Der säkularisierte Gegenwartsgläubige hingegen «hat Spaß» bzw. *«Fun»*. Vgl. auch ➶ löcken.

Fubbes Vgl. ➶ Schabernack.

Fuchtel Wer unter der F. steht, ist nicht zu beneiden. Das Wort hat sich auch in dem Verb (herum)fuchteln erhalten, stammt aber ursprünglich vom frühneuhochdeutschen Wort *fochtel* ab. Als F. bezeichnete man seit dem 16. Jahrhundert einen Degen mit breiter, stumpfer Klinge. Dieser wurde schon von den preußischen Militärs gefürchtet, denn er diente bis ins Jahr 1806 als Strafinstrument für Soldaten, die gegen das Reglement verstoßen hatten. Ihnen drohte die Fuchtelung: schmerzhafte Schläge auf den Allerwertesten mit der flachen Klinge. Die Bestrafung galt als ehrenhaft, wurde nur Militärangehörigen mit einem gewissen Status zuteil und in aufrechter Haltung entgegengenommen. Nur Offiziere durften fuchteln. Gemeine Soldaten schlugen Unteroffiziere mit dem Stock. Die Fuchtelung brannte sich schmerzhaft ins kollektive Gedächtnis ein. Das Wort F. wird heute in übertragenem Sinne noch gelegentlich in einer Redewendung verwendet – meist für einen Ehemann, der zu Hause nur wenig zu lachen hat. Auch wenn kaum einer mehr weiß, wie eine F. einmal aussah – geschweige denn mit einer echten F. persönliche Bekanntschaft gemacht hat.

Preußischer Offizier bei der Fuchtelung eines Unteroffiziers. Dieser trägt einen Stock an einem Knopf. Radierung von Daniel Chodowiecki (1726–1801)

G

Gänsewein Trocken Brot und Gänsewein: Wer sich nach einem solch rustikalen Speiseplan ernährte, der hatte wahrscheinlich erstens etwas auf dem ➶ Kerbholz und sich zweitens dabei erwischen lassen. Der G. verfügt weder über besondere Reife, noch muss er lange lagern. Es handelt sich schlicht um Wasser, wie es in Gefängnissen zu den traditionell kargen Mahlzeiten serviert wurde.

Galan Bei Damen äußerst beliebter Zeitgenosse, der seine höchste Bestimmung darin sieht, mit zierlichen Komplimenten, grazilen Gesten und bisweilen närrischen Reden die Gunst einer Holden zu erobern. Von seinen Geschlechtsgenossen wird er eher misstrauisch beäugt, manche sprechen ihm sogar die Männlichkeit ab, wie der mephistophelische Ausspruch aus dem «Faust» besagt: «Ist's nicht ein Mann, sei's derweil ein G.» Das Wort wurde wie so ziemlich alles, was mit Höflichkeit, Schönheit und guten Manieren zu tun hat (Kavalier, Charmeur, Gentleman), aus dem europäischen Ausland importiert. Im Spanischen bedeutete *galano* so viel wie gut aussehend, höflich, geschmackvoll.

Im 16. und 17. Jahrhundert wurde die Galanterie zur regelrechten Modeerscheinung. Der galante *Conduite* sah im Verhalten des Mannes das höchste Ziel, einer Dame dienen zu können. Das Verb *galer* bezeichnete noch im späten

Mittelalter das eher zügellose Verhalten junger Männer in Wirts- und Freudenhäusern, bei Hofe machte man eine Tugend daraus. Vorbild waren die höfischen Ideale aus der bereits stark angerosteten Ritterzeit, besonders die Minne. Anders als der Ritter, der für seine Herzensdame ins Turnier zieht, macht der G. jedoch jeder Frau schöne Augen und Komplimente von bisweilen zweideutiger Natur. So war die Galanterie eine Kunst, die vorrangig aus Benimm und Konversation bestand, denn der G. hatte es nicht nur auf Damen, sondern auf allgemeine Beliebtheit abgesehen, für die er gerne bereit war langweiligere Dinge des Lebens zu opfern, zum Beispiel Tugend oder Anstand.

In Deutschland machte sich vor allem der Jurist und Philosoph Christian Thomasius (1655–1728) um das französische Ideal verdient, indem er die leichtlebige französische Lebensart zum Ideal erhob. Galante Romane galten als letzter Schrei, einer ihrer Verfasser, Christian Friedrich «Menantes» Hunold (1680–1721), musste nach Schilderung einiger schlüpfriger Details der Hamburger Gesellschaft die Stadt fluchtartig verlassen, angeblich hatte ein Frauenbeschützer ein Kopfgeld auf ihn ausgesetzt. Immerhin sind von ihm so schöne Verse wie dieser überliefert:

Die Höfflichkeit bringt wenig ein,
Das kann Rosander wohl beweisen,
Er wolte so gefällig seyn,
Und einer Damen Diener heissen:
Allein Monsieur sprach sie hierzu,
Will er sich meinen Diener nennen,
So putz er mir auch meine Schuh,

Das hieß: Er soll sich nicht verbrennen.
Monbleu! Das war ein scharffer Stich,
Drum muß er auf revange dencken,
Theilt sie die Aemter unter sich,
So will er ihr eins wieder schencken,
Damit es nur ein jeder weis,
So putzt er ihr die Schuh und sie putzt ihm den Steiß.

Nach einer langen Zeit galanter Bühnenwerke, Dichtungen und Romane verblasste das Ideal allmählich, auch wenn es noch von Studenten aufrechterhalten wurde. Noch Anfang des 20. Jahrhunderts sangen Wandervögel frei nach Orlando di Lasso (1530–1594): «Tust gut auf mich zu hören/wie schön ich singen kann/so weich und voll Verlangen/wie's ➶ ziemet dem G.» Der englische Dandy spielte noch einmal auf den G. an, stellte jedoch die narzisstische Eigenliebe in den Vordergrund. Im frühen 20. Jahrhundert gerieten die Versuche zu «galanten» Romanen und Bühnenspielen meist nur zu allzu freizügigen Schlüpfrigkeiten.

Der deutsche Kavalier der Jahrhundertwende gebärdete sich eher stocksteif, und der britische Gentleman wollte sich auch nicht recht durchsetzen. Spätestens seit Mitte des 20. Jahrhunderts ist das männliche Leitbild eine Mischung aus Naturbursche und Cowboy und orientiert sich seit der Zeit der Halbstarken eher an den Unterschichten. Zudem verbat sich die Frauenbewegung allzu höfliche Männer, deren Aufmerksamkeiten den bewegten Frauen das Gefühl gaben, man behandle sie wie Gebrechliche. In den 1980er Jahren gab es Frauen, die einen Mann, der ihnen die Tür aufhielt, mit einer Ohrfeige belohnten (die man dann galant wegstecken musste). So stirbt der G. nicht an den Tugendwächtern und Moralaposteln aus, sondern an einer allgemeinen Verrohung der Sitten in der Freizeitgesellschaft. Überreste haben sich im Wort Gala (für eine festliche Veranstaltung) erhalten, doch die so genannte feine Gesellschaft, die von einer gleichnamigen Zeitschrift porträtiert wird, benimmt sich meist ausgesprochen ungalant. Und schließlich: Wozu Gentlemen, wenn es keine Ladys mehr gibt? Dies gilt natürlich auch umgekehrt.

Galanteriewaren Dinge des nichtalltäglichen Bedarfs, also ausgesuchte Schnallen, Manschettenknöpfe, Fächer, Parfümflakons und dergleichen Putzzeug nannte man früher G. Wer heute in einem Warenhaus bzw. einem *Shop* nach der entsprechenden Abteilung fragt, der wird nur in verwunderte Gesichter schauen.

Galoschen Nicht zu verwechseln mit der Gamasche, die eng ums Hosenbein gewickelt wurde. G. hingegen waren aus Gummi gefertigt und schützten teure Leder- oder Lackschuhe vor Schlamm und Regenwasser. Das Wort geht vermutlich auf das lateinische *caligula* (Stiefelchen) zurück, das als Beiname eines Potentaten bekannt wurde. Seit Erfindung von Kanalisation und Straßenpflaster akut bedroht und nur noch in schlammigen Vororten (laut einem Leserhinweis z. B. im Bankierswohnort Bad Soden) oder bei ➶ Parvenüs anzutreffen.

Ganove «Hände hoch, du Ganove, sonst pustet meine Bleispritze dir das Lebenslicht aus!» Wenn tapfere Recken so heldenhaft und markig auftraten, dann schlotterten den ➶ Spitzbuben die Knie. Das Wort G. als Bezeichnung für einen Tunichtgut, der sein Brot abseits des Pfades von Recht und Ordnung erwarb, stammt aus dem Jiddischen (*ganáw* – der Dieb). Über das Rotwelsche gelangte es in die Umgangssprache. Vor allem in Groschenheften à la «Jerry Cotton» wurde häufig von der Vokabel Gebrauch gemacht, in ➶ Pferdeopern sprach man eher von Banditen. Heutzutage unüblich, da das Wort die Assoziation an Kater Karlo oder einen mit Nadelstreifenanzug und Borsalino ausstaffierten Gentlemangangster weckt. Politisch korrekt nennt man Diebe, Mörder und Gewaltverbrecher heute «schwer integrierbare bzw. nicht gesetzeskonforme Resozialisierungskandidaten». Oder so ähnlich.

garstig Böse Menschen haben keine Lieder, lautet ein bekanntes Fehlurteil. Doch schimpfte schon in Goethes «Faust» der Zechgeselle Brander, als in Auerbachs Keller das Lied «Das liebe heil'ge röm'sche Reich, wie hält's nur noch zusammen?» erklang, erbost: «Ein g. Lied! Pfui, ein politisch Lied!» Das Adjektiv g. ist schon im 15. Jahrhundert belegt, war gleichbedeutend mit «ranzig oder verdorben» und diente der Schmähung schlechter Speisen oder der Beschreibung eines üblen Geschmacks bzw. Geruchs. Seine Herkunft ist unsicher, aber im 20. Jahrhundert schalten Großmütter ihre Enkelkinder noch mit dem Ausruf: «Sei nicht so g.!» Auch in der literarischen Publizistik kam das

Wort zu einigen Ehren. Bei Karl Kraus (1874–1936) hieß es 1909 in der Zeitschrift «Die Fackel»: «Er fordert den großen Moloch der Dummheit auf Feder und Tinte – eine Feder, deren Spitze auch durch festgefügte Rüstungen dringt, eine Tinte, die g. fleckt und manchen Götzen besudelt mit dauerhaften, haltbaren Brandmalen.» So spitze Federn sind selten geworden, und das Wort g. erscheint im Kampf gegen den Moloch der Sprachverdummung eine vergleichsweise harmlose Waffe, mit der man kaum einen Götzen mehr bezwingen wird. Vgl. auch ➶ Ölgötze.

Gasnosse Personenbezogene Wörter überdauern selten das Leben derer, die sie bezeichnen. Daher soll hier diese Neuschöpfung Eingang finden. Sie ist der Sprache der «Bild»-Zeitung entlehnt, die ja ein unerschöpfliches Laboratorium für neue Wortkreationen ist. Gemeint ist damit der vormalige Kaschmirkanzler (siehe «Lexikon der bedrohten Wörter», Band I), auch als Autokanzler oder Genosse der Bosse tituliert. Nachdem der Sozialdemokrat und Exkanzler Gerhard Schröder ein russisches Gasunternehmen beriet, hörte er auf diesen Spitznamen wie weiland Graf Koks von der Gasanstalt. So bedeckt der Mantel der Geschichte so manche Biographie: An die einen erinnert man sich mit dem Wort Glasnost, die anderen schimpft man G. Doch Namen sind bekanntlich Schall und Rauch – und Gas ist ein geruchloser Brennstoff.

Gendarm Siehe ➶ Schutzmann.

Gesichtserker Bezeichnet das auch Zinken genannte Riechorgan in der Gesichtsmitte des Menschen. Angeblich ein missglückter Eindeutschungsversuch eines unbekannten Sprachpuristen, tatsächlich dürfte es sich bei dieser Wortschöpfung jedoch um ein Scherzwort bzw. einen ➶ Ulk handeln.

Gesinde Als die bessere Gesellschaft noch nach Gutsherrenart lebte, überließ sie die körperliche Arbeit gerne anderen. Als G. bezeichnete sie die Gesamtheit der Dienerschaft, darunter ➶ Dirnen, Kellerer, Knechte und Mägde. Das Wort bedeutete ursprünglich so viel wie Weg, begleiten oder Gefolge. Der Hausherr wandte Sozialhistorikern zufolge zwar nur durchschnittliche fünf Prozent seines Haushaltsbudgets für das G. auf, übte aber die absolute Befehlsgewalt aus. Diese patriarchalische Regelung rechtfertigte er mit der Bibel. Darin schrieb nämlich der Apostel Paulus an die Epheser: «Ihr Knechte, seid gehorsam euren leiblichen Herrn mit Furcht und Zittern, in Einfalt eures Herzens [...].» Im 20. Jahrhundert entstand im Zuge von Industrialisierung und Verstädterung der schlechtbezahlte Beruf des Dienstboten. In modernen Haushalten hat nur noch die (meldepflichtige) Putzfrau bzw. Haushaltshilfe überlebt (auch spöttisch als Fußbodenkosmetikerin bezeichnet); als G. möchte sich keiner mehr bezeichnen lassen. Wohl bekannt ist noch das Gesindel (hochsprachlich auch Lumpenpack), das sich wie ehedem an lichtarmen Orten herumtreibt. Mit dem G. ist es aber nur semantisch verwandt. Vgl. ➶ Haderlump.

geziemen Siehe ➶ ziemen.

Glast «Nur die Uhr wusste den Nachmittag, der weiße G. unter der blauen Sphäre wiederholte lediglich ‹Licht›.» So beschrieb der Schriftsteller Uwe Johnson (1934–1984) in seinem monumentalen Tagebuchroman «Jahrestage» (entstanden 1970–1984) das Dilemma dieses Wortes. Alle sprechen nur noch von Licht, schlimmer noch, von Glamour. Dabei verbirgt sich im G. ein Licht, wie es wahrscheinlich nur die Dichtung wiedergeben kann. Ein eigentümlicher Glanz, ein Flirren in der Mittagshitze, Schimmern oder das Funkeln auf einem See, ein mattes Gleißen. Ein anonymer Internet-Poet bezeichnete den G. treffend als «eingefrorenes Zeitwort».

Griesgram Die «Allgemeine Deutsche Lehrerzeitung» hielt ihn schon 1911 für veraltet: «Aus diesem Grunde ist er auch ganz besonders befähigt, sie zu lehren. Denn er weiß besser als ein G., den freien, freudigen Willen seiner Zöglinge zu packen [...] die vorgelebte Heiterkeit, welche der Schüler auf reflektorischem Wege unbewusst nachahmt, knüpft allmählich zwischen den Herzen von Lehrer und Schüler ein Band.» Nun ist der G. seit jeher das Gegenteil des heiteren Lehrers, sowohl an Schulen wie im richtigen Leben. Der deutsche Wesenszug, den er idealtypisch verkörpert, war schon vor 1000 Jahren bekannt. Das Wort G. *(gristgramon)* taucht bereits in althochdeutscher Zeit auf. Damals bedeutete es so viel wie mit den Zähnen knirschen oder brummen. Im 16. Jahrhundert verwendete man das Wort für eine missmutige Stimmung, der G. entstand schließlich im 18. Jahrhundert. Wer grieselte, der erschauerte vor Furcht oder Kälte, auch das Wort grässlich hat hier seinen Ursprung. Noch im 20. Jahrhundert taucht er in Zeitungsberichten auf, gerne in Verbindung mit dem sprechenden Adjektiv sauertöpfisch, zuletzt aber meist ironisch. Dabei gibt es gerade in Deutschland kaum einen Anlass, das Wort aussterben zu lassen. Man muss sich nur mal samstagnachmittags an der Supermarktkasse oder montagmorgens auf dem Weg zur Arbeit umschauen.

Grisette Der Dichter Heinrich Heine (1797–1856) wusste sie in seinen Pariser Jahren zu schätzen und erkor eine von ihnen als Begleiterin seiner letzten Tage, Kurt Tucholsky (1840–1935) schrieb noch in den 1920er Jahren über sie. Und dennoch ist die G. heute so gut wie vergessen. Ihren Namen verdankt sie dem einfachen, grob gewebten Stoff von meist grauer Farbe, den sie in Ermangelung besserer und teurer Garderobe tragen musste: bei der Arbeit an der Nähmaschine oder in einer Manufaktur ebenso wie beim Tanz nach Feierabend. Grisetten nannte man Mädchen aus einfachen Verhältnissen, die sich das täglich' Brot mit ihrer Hände Arbeit verdienen mussten, abends aber über die Boulevards zogen und nach vermögenden Herren, notfalls einem Studenten, Ausschau hielten.

Noch 1908 wusste das «Berliner Tageblatt» über sie zu berichten: «Die jüngste Pariser Arbeiterin, die frierend und blutarm über ihre Hutfasson gebeugt dasitzt, stammt eben von jenen Grisetten ab, die La Fontaine und Musset besungen haben; ihre Ahnen sind es gewesen, denen der Ausspruch Jules Janins galt: ‹Von – allen Pariser Erzeugnissen ist das Pariserischste zweifellos die G.› Und weil sie aus dem Geschlechte der Mimi Pinsous stammt, darum hat diese arme kleine Arbeiterin in ihren feinen, schlanken Fingern mehr Grazie, mehr Geschicklichkeit, mehr Geschmackssinn als der größte Teil unserer deutschen ➶ Putzmacherinnen zusammengenommen.» Da die Frauen von Paris das Dicht- und Denkvermögen vieler Schreiber trübten, wurden sie oftmals verklärt und geronnen zu ähnlichen Rührfiguren wie das arme Mädchen mit den Streichhölzern. Dabei ist es ein unrühmliches Kapitel der Geschichte, wenn die soziale Not aus Mädchen Grisetten und aus Grisetten gelegentlich ➶ Kokotten machte. Die Kunst der Boheme ließ sie darum zwar aus blanken Augen fröhlich glänzen, am Ende aber immer einen traurigen Tod (z. B. an der ➶ Proletarierkrankheit) mit Veilchen sterben. Auch wenn es noch gelegentlich erklingt, wer diesem Wort einmal den Puls fühlt, wird wie in der Oper beklommen attestieren müssen: *Che gelida mania.* Wie eiskalt ist dies Händchen …

Grimm Wer einen G. hegt, der grollt gewaltig. Noch bis ins 18. und 19. Jahrhundert war das Wort in der Dichtung für Wut, Zorn, aber auch Wildheit (im Kampf) und Strenge geläufig. Im 20. Jahrhundert plagten manche noch regelmäßig Grimmen – womit meist Leibschmerzen gemeint waren. Der tiefsitzende Ingrimm ist heute aber ebenso wenig geläufig wie das zornige Verb grimmen. Immerhin lebt das seit mittelhochdeutscher Zeit bekannte Wort *(grim)* noch im Adjektiv grimmig fort.

Groschengrab Eine Apparatur, in der Münzen auf Nimmerwiedersehen verschwanden wie in einem Fass ohne Boden oder eben einem kühlen Grabe. Gemeint war damit eine Parkuhr. Heute würde sich mancher Kraftfahrer freuen, wenn es mit ein paar Groschen getan wäre. Die Gefräßigkeit dieser Ungetüme wird immer ungeheuerlicher, sie schlucken längst größere Münzen.

Den Groschen selbst vermissen viele seit Einführung des Euro. Tatsächlich starb die 1271 von Graf Meinhard II. in Tirol eingeführte Münze schon 1871 mit Einführung der Mark aus, in Österreich fiel der Groschen 2001. Heute gibt es ihn als *Grosz* noch in Polen. In der Umgangssprache könnte er dennoch überleben. Denn warum sollte man ein 10-Cent-Stück nicht so bezeichnen wie früher zehn Pfennige?

Gummiadler Offiziell führte die Deutsche Demokratische Republik (DDR) Hammer und Zirkel im Staatswappen. Inoffiziell war aber der G. das Wappentier, zumindest auf dem ostdeutschen Speiseplan. So nannte der Volksmund nämlich das gut gebratene Grillhähnchen, offiziell auch als Broiler bekannt. Vgl. auch ➹ Broika.

H

Hader Man sollte ihn meiden. Das Wort ist bereits im 15. Jahrhundert bezeugt. Im badischen Landrecht von 1588 werden die Konsequenzen drastisch beschrieben, denn wer in einen H., Auflauf oder Tumult gerät, der kann dort «zue todt geschagen» werden. H. nannte man eine heftig ausgetragene Meinungsverschiedenheit. Im Althochdeutschen bezeichnete *hadara* einen Schafspelz, später verstand man darunter pflanzliche Fasern. Sie dienten zur Papier- und Textilherstellung und werden heute kaum noch verwendet, lediglich bei der Herstellung besonderer Papiere wie Banknoten. Einen H.abt schimpfte man einen Geistlichen, der seine Würde vor Gericht erstreiten musste, und strittige gerichtliche Forderungen wurden in H.büchern notiert. Eine andere Erklärung führt das Wort auf die Stoßzähne des Wildschweines zurück, die unter Waidmännern auch als Haderer bekannt sind. Folglich nannte man einen Streithammel, der sich gerne auf Raufereien und ähnliche handgreifliche Händel einließ, einen Haderer. Noch im 20. Jahrhundert konnte das Wort H. auch ein ➹ Scharmützel bezeichnen. «Weit wallt und wogt der H.», heißt es etwa in einem Lied von Walter Flex (1887–1917) aus dem Ersten Weltkrieg. Heute spricht man lieber ebenso undeutlich wie schönfärberisch von «bewaffneten Konflikten» und «Präventivschlägen».

Haderlump Landläufig für einen, der mit ➶ Hadern bzw. Lumpen handelt. Zeitweise als Schimpfwort für einen zerlumpten Kerl verwendet bzw. für einen, dessen Absichten von der gleichen Güte sind wie ein zerschlissenes Kleidungsstück. Verlor seine ehrverletzende Wirkung schon zu Ludwig Thomas (1867–1921) Zeiten. In dessen Komödie «Erster Klasse» (1910) begrüßt ein Landtagsabgeordneter seinen Freund lachend mit den Worten: «Du Haderlump, du ganz miserabliger!» Von der Verwendung zur Herabwürdigung missliebiger Personen in heutiger Zeit wird daher abgeraten.

Handeule Altmodisch für einen Handbesen, auch als Feger bekannt. Nicht zu verwechseln mit so genannten «heißen Fegern», wie man in den 1950ern auch «kesse Bienen» nannte. Vielmehr ein aus Borsten oder Reisig gebundenes Werkzeug, mit dem man Schmutz bzw. Kehricht wegfegt, meist mit Hilfe einer Schaufel. Warum man dieses einfache Werkzeug mit einem Vogelnamen belegte, ist unklar, in manchen Gegenden (vor allem in Norddeutschland) ist das Wort aber noch quicklebendig. In Aberglaube und Volkskultur spielt der Besen schon lange eine wichtige Rolle: Mit ihm fegte man böse Geister von der Türschwelle. Noch heute werden z. B. in Mexiko aus Kräutern gebundene Handeulen als praktischer Liebeszauber verkauft: Fegt man in die Wohnung hinein, so wird der geliebte Mensch wiederkehren; will man ihn loswerden, so fegt man einfach in die umgekehrte Richtung. Auch hierzulande besitzt der Besen magische Kräfte. Hexen reiten auf ihm traditionell zum Blocksberg, und man soll damit zuerst vor der eigenen Tür kehren. Da H. aber das schönere Wort ist als Besen (westgermanisch für Gebundenes), sollte man es wiederbeleben und den Besen verjagen. Dass dies nicht so leicht ist, musste schon Goethes Zauberlehrling spüren. Als hilfreich erwies sich folgende Formel: «In die Ecke! Besen, Besen, seid's gewesen! Denn als Geister ruft Euch nur zu diesem Zwecke erst hervor der alte Meister.»

Hausfrauenporsche Im Jahr 1969 aufgekommener Kosename für ein Ford-Coupé vom Typ Capri. In Deutschland wurden 784 000 Exemplare hergestellt. Tatsächlich sollte der in den USA entwickelte Wagen nicht an den Porsche anknüpfen, sondern an den hierzulande eher exotischen Ford Mustang. Seine vergleichsweise einfache Bauweise animierte manchen Besitzer zu optischen Veränderungen an Karosserie und Technik, sodass im Eigenbau ein Porsche-ähnliches Kraftauto dabei herauskam. Auch erreichte das 1970er Modell beinahe die Spitzengeschwindigkeit von 200 km/h und rückte damit dem Porsche eng auf den Heckspoiler, blieb mit einem Preis von 15 800 DM jedoch selbst für Hausfrauen erschwinglich (der Spottname H. wurde auch auf Opel Manta, den Porsche 924 und andere Coupés angewandt). Der letzte Capri rollte in Deutschland 1973 vom Band und wird nur noch von ambitionierten Kennern durch aufwendige Restaurationsarbeiten am Auseinanderfallen gehindert. Seitdem verrottet das Wort auf dem Schrottplatz der Sprache. Vgl. auch ➶ Mantalette.

Hennecke Dieses Wort ging am 13. Oktober 1948 in die deutsche Sprachgeschichte ein. An jenem Morgen fuhr der Bergmann Adolf Hennecke (1905–1975) nach sorgfältiger Vorbereitung in den Karl-Liebknecht-Schacht im Revier Zwickau-Oelsnitz und förderte im Schweiße seines Angesichts 24,4 Kubikmeter Kohle. Dieses Rekordergebnis entsprach 387 Prozent der Norm. Die Sozialistische Einheitspartei Deutschlands (SED) hatte Hennecke für diese Aufgabe ausgesucht und rief ihn in einer sorgsam vorbereiteten Propagandaschlacht zum Vorbild aller Werktätigen aus. Sein Name ging in eine Redewendung ein: «Der arbeitet ja wie ein H.!» Die Kollegen dankten H. seinen Übereifer (höhere Arbeitsleistung bei gleichem Lohn) übrigens nicht. Sie schimpften ihn einen Normbrecher.

Herrengedeck Ein Bier, das in Begleitung eines randvollen Schnapsglases daherkommt, auch ein «Kurzer und ein Langes» genannt: Eine solche Garnitur hört traditionell auf den Namen H. (in Berlin «Molle mit Korn»). In der DDR verstand man darunter auch ein Bier, das mit Sekt aufgegossen wurde. Eine kunstvolle Variante für hartgesottene Trinker ist die «Laterne»: Man stelle ein Schapsglas mit rotem Likör in einen großen Bierhumpen und fülle vorsichtig unter dem Zapfhahn mit Gerstensaft auf. Perfekt ist die Laterne, wenn aus dem kleinen Schnapsgläschen leuchtend rote Schlieren in die golden schimmernde Flüssigkeit aufsteigen. Ob es sich bei den Konsumenten derartig milieuspezifischer Alkoholspezialitäten wirklich um Herren gehandelt hat (und nicht schlicht um Männer), sei dahingestellt. Auch ertönten in solcher Umgebung gerne so genannte Herrenwitze. In Zeiten neumodischer Alkopops mischt man schon in der Flasche und nicht erst im Magen. Das altehrwürdige H. ist daher nur noch an wenigen deutschen Zapfstationen ein Begriff.

Herrentäschchen Ledernes Handtäschchen mit praktischer Griffschlaufe, das man wahlweise locker am Handgelenk schlenkern lassen konnte oder dezent unter den Arm klemmte. Obwohl es aus einer Epoche stammt, die das seinerzeit gänzlich unbekannte Wort Metrosexualität noch für Schweinkram gehalten hätte, dürfte dieses Utensil als eines der ersten Zeugnisse modischer Androgynität gelten. Es etablierte sich in einer Zeit, die Männern auch hautenge Nietenhosen mit weitem Trompetenschlag, Rüschenhemden unter dem Smoking und Korkabsätze im krokoledernen ➶ Schuhwerk erlaubte, mit anderen Worten: in den 1970er Jahren. Populär machte es der britische Schauspieler Peter Wyngard («Departement S.», «Jason King»), dessen Seidenhalstücher und Brusthaarfrisuren internationale Maßstäbe setzten (das Deutsche Krawatteninstitut verlieh ihm den verdienten Ehrentitel «Krawattenmann des Jahres 1971»).

Danach wurde es wieder für unmännlich erklärt, etwas anderes als das Autoradio oder eine Flasche Gerstensaft spazieren zu tragen, und das H. verschwand ebenso wie der Spazierstock wieder in der Klamottenkiste vergangener Moden. Ihm folgten *Body Bags*, die an Schildkrötenpanzer erinnerten, und känguruartige Bauchtaschen, an denen

➚ Strauchdiebe aller Länder den deutschen Touristen aus hundert Metern Entfernung erkennen. Bedauerlich am Aussterben des Herrentäschchens ist, dass es sein eigentliches Geheimnis mit ins Grab nimmt. Denn während hinreichend bekannt ist, was die moderne Frau in ihrer Handtasche transportiert (Lippenstift, Puderdose, Terminplaner, Verhütungsmittel, Nachthemd, Babyphon und Bettwäsche), bleibt es ein ewiges Rätsel, was das H. in der Zeit seiner Verbreitung eigentlich enthielt. Vgl. auch ➚ BUKO.

Herrenwinker Seit den 1920er Jahren lugten unter den Hütchen flotter Fräuleins oftmals kecke Haarsträhnen hervor. Liefen etwa so genannte Bubiköpfchen in schwungvoll gebogenen Enden aus, so sprach der Volksmund von Herrenwinkern. Das Wort lehnt sich mutmaßlich an die Automobile jener Zeit an, die eine Richtungsänderung noch nicht mit blinkenden Lämpchen, sondern mit ausklappbaren Winkern ankündigten. Besonders geschickte Fräuleins konnten solche Signale mit ihrem ➚ Kopfputz geben.

Hetäre Altertümlicher Ausdruck für eine Frau (aus dem griechischen *hetaíra* – Gefährtin, Freundin), die das angeblich älteste Gewerbe der Welt ausübt. Im Unterschied zur gewöhnlichen ➚ Dirne verfügte die H. jedoch über Bildung und genoss ein hohes Sozialprestige. Mit dem so genannten Hetärenwesen machte Kaiserin Theodora (500–548 n. Chr.) Schluss, die selbst eine ehemalige H. war.

In den schlüpfrigen «Hetärengesprächen» des syrischen Satirikers Lukian (120–180 n. Chr.) lebte das Wort jedoch weiter. Der Geschmack der H. war schon zu dessen Zeit von zweifelhafter Güte: «So begnügt sich eine züchtige schöne Frau, um ihre Schönheit zu erheben, mit einem dünnen goldenen Kettchen um den Hals, mit einem leichten Ring am Finger, ganz einfachen Ohrringen, mit einer Schnalle oder einem Bande, um den herabwellenden Teil ihrer Haare zusammenzuhalten [...] Die Hetären hingegen, zumal die hässlicheren glauben, sie könnten im Putze nie zu viel tun: Ihr ganzer Hals muss übergüldet sein.» Diese fast 2000 Jahre alte Geschmackskritik hat ihre Gültigkeit behalten, das Wort H. jedoch stirbt allmählich aus. Vgl. auch ➶ Kokotte.

Hindenburglicht Praktische Erfindung, die in Zeiten der verordneten Verdunkelung als Notbeleuchtung diente: Eine talggefüllte Pappschale mit einem Docht in der Mitte wurde wie eine Kerze verwendet, etwa im Schützengraben, bei Bombenangriffen in Luftschutzräumen und nach dem Krieg in den Quartieren der Ausgebombten während der Stromsperre. Heute sind solche Notbehelfe als Wärmequelle unter der Teekanne in so genannten Stövchen weit verbreitet, allerdings nennt man sie nicht mehr nach dem Generalfeldmarschall und senilen Unterzeichner des so genannten Ermächtigungsgesetzes, Paul Ludwig Hans Anton von Beneckendorff und von Hindenburg (1847–1934). Man bevorzugt die zivile Bezeichnung Teelicht.

Hitparade Ursprünglich aus den USA stammende Rangfolge meistverkaufter Musikstücke. Seit 1890 ermittelt man den Verkauf von Notenblättern, später den von Tonträgern, und führt darüber eine Statistik, die den Wettbewerb anregt. Das altmodische Wort gab einer von 1969 bis 1985 von Carl-Dieter Heckscher (besser bekannt unter seinem Pseudonym Dieter Thomas Heck) moderierten Fernsehsendung den Namen, deren Musikprogramm Jugendliche damals mit Hilfe von Aufnahmegeräten mitschnitten. Nach 31 Jahren und 368 Folgen wurde die Sendung eingestellt. In den Hitparaden der Musikindustrie wird immer noch der Verkauf bzw. das Herunterladen von Musikstücken ermittelt. Da diese Hitparaden jedoch nach amerikanischem Vorbild immer wieder durch Betrug manipuliert werden, nennt man sie – von der volkstümelnden Musik einmal abgesehen – auch kaum noch bei ihrem alten Namen. Man spricht von *Charts.*

Höhensonne Zentralgestirn im Universum der modernen Körperkultur. Eine H. ist eine künstliche Quelle ultravioletter Strahlung. Das Patent wurde bereits 1904 angemeldet, die Lampen enthielten meist eine Quecksilberdampfanlage. Sonnenanbeter verwendeten die H. zur künstlichen Bräunung der Haut innerhalb der häuslichen Umgebung. Zumeist setzten sie dazu schwarze Brillen zum Schutz der Augen auf und ließen sich in unbequemer Haltung Gesicht und Dekolleté bestrahlen.

Noch wenige Jahrzehnte zuvor galt eine käsige Blässe als vornehm. Junge Mädchen versuchten, sich mit Milch und Zitrone die Sommersprossen aus dem Gesicht zu waschen, und schützten ihren Teint mit Sonnenschirmen beim Sonntagsspaziergang (vgl. auch ➶ Sonntagsstaat) vor UV-Strahlen. Erst mit der Industrialisierung kam das Ideal eines braunen Körpers in Mode. Vorher suchte man sich vom einfachen Arbeiter abzugrenzen, der körperlich in freier Natur schuften musste. Doch weil die Dienstleistungsgesellschaft den Menschen in neonbeleuchtete Großraumbüros einzwängt und die jährliche Urlaubsreise zum erstrebenswerten Lebensziel erklärt wurde, ist eine Bronzehaut in der westlichen Gesellschaft noch immer Zeichen für Luxus und Freizeit.

Ob das bei wachsender Arbeitslosigkeit so bleibt, ist fraglich. Möglich scheint immerhin, dass demnächst allzu viel Sonne als Beweis von zu viel Freizeit gewertet und die Blässe der Bürohengste zum sichtbaren Statussymbol der Beschäftigung erklärt wird. Bis dahin allerdings dürfte das Wort H. gänzlich ausgestorben sein, denn der heutige Sonnenanbeter geht nicht etwa in eine Höhensonnenbude, sondern in Etablissements, die sich lateinisch Solarium oder hochtrabend Sonnenstudio nennen – obwohl der Begriff Studio zuvor Künstlern und Fotografen vorbehalten war. Er leitet sich vom lateinischen *studium* her und bedeutet Arbeit oder Mühe – und damit hat das stumpfsinnige Brüten unter krebserregenden Strahlen auf einer Sonnenliege nun am allerwenigsten zu tun.

Holzauge

«Holzauge, sei wachsam!» Ein Ratschlag, den man nur noch selten hört – zumal sein Ursprung im Dunkeln liegt. Die Deuter gehen davon aus, dass die Redewendung, die einem 1952/53 in der Zeitschrift «Neue Illustrierte» abgedruckten Roman den Titel gab, aus Kriegstagen stammt und in der Schützengrabensprache der 1940er Jahre entstand. Demnach bezog sie sich eigentlich auf das Holzbein der Kriegsversehrten und forderte auf, in Deckung zu bleiben, damit man den Kugeln, etwa von Scharfschützen, entgehe. Da aber auch der Kriegsversehrte, der in der Nachkriegszeit noch zum gewohnten Straßenbild gehörte, heute weitgehend ausgestorben ist, wird das Wort auf dem Soldatenfriedhof altgedienter Wörter begraben – mit allen militärischen Ehren, versteht sich.

honett Aus dem Französischen importiertes Adjektiv für einen ehr- bzw. achtbaren Menschen. Schon Friedrich Schiller (1759–1805) wusste: «Einen honetten Mann kann man aus jedem Weidenstotzen formen, aber zu einem ➶ Spitzbuben will's Grütz.» Franz Rehbein (1867–1909) beschrieb in seinem Buch «Das Leben eines Landarbeiters» den Speiseplan desselben auf äußerst eindringliche Weise: «Dazu der ewige Speck, kalt oder warm, gebraten oder gekocht, meistens aber geil und galstrig. Was würde wohl der honette Bürgersmann sagen, wenn er 14mal in der Woche Grütze, und immer wieder Klüten [Klöße] und Pannkoken [Pfannkuchen] hinunterwürgen sollte!» Nun, heute gibt es kaum einen satten Bürgersmann mehr, dem das schöne Wort h. noch über die Lippen kommt. Was das Aussterben so ehrbarer Begriffe über unsere Zeit sagt, sei dahingestellt.

An Wörtern für weniger tugendhafte Charaktere hingegen besteht kein Mangel.

hurtig Flink, gewandt und ohne Zögern: All dies bedeutet das alte Wort h. «Auf den Gipfel zu drehen, da mit einmal stürzte die Last um;/Hurtig mit Donnergepolter entrollte der tückische Marmor.» So übersetzte Johann Heinrich Voß (1751–1826) in der «Odyssee» den undankbaren Job des Sisyphus. Doch ein altmodisches Wort wie h. wiederzubeleben, ist eine ähnlich leichte Arbeit, als wolle man einen Stein den Berg hinaufrollen.

I

Imme Der alte Name der Biene stammt aus dem Althochdeutschen und hat sich noch im Platt- bzw. Norddeutschen sowie in der Berufsbezeichnung des Nutztierhalters von Honigbienen erhalten: Man nennt ihn Imker.

inkommodieren Laut Brockhaus' «Kleinem Konservations-Lexikon» von 1908: «unbequem sein, lästig fallen». Minderschweres Vergehen gegen die Sittlichkeit. Noch in Hugo von Hoffmannsthals (1874–1929) Lustspiel «Der Rosenkavalier» (1911) fürchtet die Marschallin: «Meine Kammerzofe, ein junges Kind vom Lande. Ich muss fürchten, sie inkommodiert Euer Liebden.» Der Baron jedoch, ganz alte Schule, wehrt ab: «Ganz allerliebst! Wie? Nicht im geringsten! Mich? Im Gegenteil!» Und auch in der Familie Buddenbrook fallen die Worte: «Aber ich inkommodiere nicht länger, nein, bei Gott, Frau Konsulin, ich inkommodiere nicht länger.» Seitdem Barone, Marschallinnen, Kammerzofen und Konsulinnen nur noch eine randständige Rolle im gesellschaftlichen Leben spielen, sind auch deren Gesellschaftsspiele und das dazugehörige Vokabular ins Abseits geraten. Möglich, dass sie hinter den weiß getünchten Fassaden mit ➶ Eppich umrankter Villen an der Elbchaussee heimlich überlebt haben, aber aus solchen

Gemäuern dringt kein lautes Wort nach außen. Das ist so sicher wie das Amen in der Kirche.

Insolenz Die Schriftstellerin Dora Duncker (1855–1916) schrieb in ihrem Roman «Jugend» die denkwürdigen Worte: «Gnädigste befassen sich ja wohl gern mit Menschenstudien? Da empfehle ich Ihnen eine ganz neue Spezies in unmittelbarer Nähe, ein Gemisch von reiner Torheit und raffinierter I.» Heute ist selbst das Wort I. nicht mehr verständlich. Wer sich insolent gebärdete, der war meist wenig freundlich und schon gar nicht ➶ honett. Er übte sich in Unverschämtheit, denn nichts anderes als diese bezeichnete das alte Wort.

J

Jaffamöbel Gehörte jahrzehntelang zur Grundausstattung studentischer Behausungen. Das Wort Jaffa bezeichnet dabei nicht etwa einen angesagten Möbeldesigner, sondern trägt den Namen einer israelischen Apfelsinensorte, die in leichten Holzkisten verpackt war. Diese ließen sich problemlos zu Regalen stapeln, als Lattenrostersatz diente meist eine Palette. Mittlerweile gehören Möbel aus schwedischer Produktion mit Namen wie «Billy», «Kwärk» oder «Bjönk» zur studentischen Grundeinrichtung, das Wort J. ist nur noch älteren Semestern bekannt.

Josefehe Eheliche Verbindung zweier Menschen, die zwar den Trauschein erworben haben, jedoch in gegenseitigem Einvernehmen auf die Ausübung der ➶ Wollust verzichten. Seinen Namen verdankt diese Zweckverbindung einem Zimmermann aus Galiläa. Bei einer kaiserlich angeordneten Volkszählung wurde er als Josef von Nazareth registriert. Sein jungfräuliches Weib gebar einen Sohn, dessen Leben und Tod später in einem weltbekannten Buch erzählt wurde. Die Kenntnis dieses äußerst einflussreichen Werkes kann heute nicht mehr allgemein vorausgesetzt werden, daher wirkt auch der Begriff der J. altertümlich. Vgl. auch ➶ Onkelehe.

Jubelperser Nicht etwa ein handgeknüpfter Teppich, sondern fast schon ein zeitgeschichtlicher Grundbegriff der Umgangssprache. Das Wort entstand im Jahr 1967 anlässlich des Besuches des Schahs von Persien, Mohammed Reza Pahlavi (1919–1980). Als dieser bei einem Staatsbesuch der Stadt Berlin (West) am 2. Juni 1967 die Deutsche Oper betrat, protestierten Studenten der Freien Universität Berlin auf Initiative des SDS (Sozialistischer Deutscher Studentenbund) gegen Menschenrechtsverletzungen im Iran, die man dessen Geheimdienst SAVAK (*Sazeman-e Ettela'at va Amniat-e Keshvar* – Organisation zur Information und zum Schutz des Landes) vorwarf. Außerdem galt ihnen der Schah als Statthalter der USA im Mittleren Osten. Tausende Demonstranten begrüßten Seine Hoheit mit den Transparenten «Mörder nicht als Gäste einer freien Stadt» und Sprechchören wie «Schah, Schah, Scharlatan» oder «SA-Schah». Der Monarch entging nur knapp den zu Wurfgeschossen zweckentfremdeten faulen Eiern und Tomaten. Die von der Polizei eingekesselten Studenten wurden daraufhin von bezahlten Schah-Anhängern, die ihn öffentlich bejubeln sollten, mit Latten und Eisenstangen angegriffen, die Polizei griff nicht ein. Im Gegenteil, die Schlägertrupps konnten unter Polizeischutz abziehen. Später trieben Berliner Polizeibeamte flüchtende Studenten in Hinterhöfe und schlugen mit Knüppeln auf sie ein. Diese Maßnahmen folgten der so genannten Leberwurststrategie des damaligen Polizeipräsidenten (Zitat: «In der Mitte drücken, damit die Wurst an den Enden platzt»). In der Krummen Straße unweit der Oper erschoss ein Polizist den Studenten Benno Ohnesorg (1940–1967).

Diese Tat zeitigte schwere Folgen. Der Tod Ohnesorgs verschärfte die Konflikte zwischen Polizei und Studenten und führte zur Gründung der linksterroristischen «Bewegung 2. Juni» zunächst um Georg von Rauch (1947–1971) und Bommi Baumann, später um Andreas Baader (1943 bis 1977) und Ulrike Meinhof (1934–1976). Weniger nachhaltig war die Karriere des Wortes J., wie man seitdem einen Claqueur nannte. Es fand in kaum ein Wörterbuch Eingang (weder in den Rechtschreibduden noch in den Wahrig), und man muss es wohl oder übel als bedroht einstufen.

Juche

1. Nordkoreanische Ideologie der Autarkie (so genannte Juche-Ideologie, koreanisch eigentlich: Chuch'e), die der große Führer Kim Jong Il begründete.
2. Billige Plätze im letzten Rang eines Schauspiel- oder Opernhauses, besonders in Wien.
3. Jauchzender Ausruf der Freude, der heute, etwa im Fußballstadion, vergleichsweise antiquiert wirkt (ebenso: Jucheisassa oder Juchei).

K

Kadi Wer vor denselben gezerrt wird, der hat vermutlich etwas auf dem ➶ Kerbholz. Das arabische Wort für Richter entschlüpfte im 17. Jahrhundert der orientalischen Märchensammlung «Tausendundeine Nacht» und spukte seitdem als Flaschengeist durch die deutsche Sprache.

Kamarilla Im Spanischen eine Kammer *(camarilla)* bzw. ein Privatkabinett bei Hofe, hat sich das Wörtchen als Synonym für Interessenvertreter eingeschlichen, die lieber im stillen Kämmerlein agieren. Als Kamarilla geriet der so genannte Liebenberger Kreis um Philipp zu Eulenburg (1847–1921) ins Gerede, der angeblich Kaiser Wilhelm II. (1859–1941) bei politischen Entscheidungen zu beeinflussen suchte. Ebenso im Stillen wirkten einflussreiche Medienschaffende und Politiker auf den greisen Reichspräsidenten Hindenburg ein, um die Weimarer Verfassung auszuhebeln. Ähnlich agierende und einflussreiche Bündnisse aus Medien, Wirtschaft und Politik sind heute keinesfalls vom Aussterben bedroht, im Gegenteil. Nur meiden sie den traditionsreichen Begriff K. Man spricht stattdessen von Politikberatung, *Think Tanks* oder *Lobbyismus*. Deren Aktivitäten kommen einem bisweilen ebenfalls spanisch vor.

Kapotte Aus dem Französischen. Damenhut, der mit einem Band unterm Kinn festgezurrt wurde und schon zu Zeiten seiner Verbreitung als Ausweis von ➶ Matronenhaftigkeit galt. Vgl. auch ➶ Kopfputz.

Kaputnik Es war nur ein kleiner Schritt für eine Maschine, aber ein großer Tag in der Geschichte der unbemannten Raumfahrt. Am 4. Oktober 1957 war es sowjetischen Weltraumpionieren gelungen, mittels einer Interkontinentalrakete einen Flugkörper auf eine Umlaufbahn zu schießen, eine Kugel, die piepsende Signale aussandte: den Sputnik-Satelliten. Die westliche Welt stand unter dem so genannten Sputnikschock, denn die Sowjets hatten erstmals technische Überlegenheit demonstriert. Ein weniger guter Tag war der 6. Dezember 1957. Die von den USA eilig nachgeschossene Vanguard-Rakete explodierte auf der Abschussrampe. Spötter nannten die Vanguard daher Flopnik, Spätnik oder K. – unter Verwendung des Wortes kaputt (das im Dreißigjährigen Krieg aus dem französischen *faire capot* eingedeutscht wurde, ursprünglich aber aus dem Kartenspiel stammt, wo es «ohne Stich» bzw. schwarz spielen bedeutete).

Am 31. Januar 1958 schoss der deutsche Raketeningenieur Wernher von Braun (1912–1977) in Cape Canaveral den Satelliten «Explorer I» ins All. Doch der K. lebte noch ein paar Jahrzehnte als Spottwort fort. Krawallbrüder der sowjetfreundlichen linken Szene nutzten es sogar zur Eigenbezeichnung. Der Sänger und deutsche Dichter Ralph Christian Möbius (1950–1996, besser bekannt unter dem

Künstlernamen Rio Reiser) prägte den Imperativ: «Macht kaputt, was euch kaputt macht.» Der Gebrauch des Wortes blieb jedoch auf die jungen Jahre des Raumfahrtzeitalters beschränkt. Mittlerweile treibt es ziellos durchs Sprachall und wird demnächst wohl vom schwarzen Loch des Vergessens geschluckt werden.

Karbolmaus Kein Schädling, sondern ein ausgesprochen nützliches Wesen. Karbolmäuse nannte man im Lazarettdeutsch Krankenschwestern bzw. Arzthelferinnen. Das Wort Karbol rührt von einem früher als Desinfektionsmittel gebrauchten Phenol her. Da dies zu Hautirritationen führte, wurde Karbol bald wieder aus den Medizinschränkchen entfernt. Und da die Verwendung des Wortes Maus als Kosename für fremde Frauen heutzutage ebenfalls zu Irritationen führt, ist die K. ein schon fast ausgerottetes Tier unter den bedrohten Wörtern.

Karfiol Als solchen kannte man die Zuchtsorte der wegen ihrer fleischigen Blütensprossen geschätzten Nutzpflanze (lateinisch *Brassica oleracea*) in Österreich ganz selbstverständlich. Mittlerweile hört das vitaminreiche Gemüse selbst in der Alpenrepublik auf den profanen Namen Blumenkohl.

Karzer Wenn ein Student in alter Zeit etwas ausgefressen hatte, so kam er nicht etwa wie alle anderen vor den

➶ Kadi. Die Universitäten hatten in ihren Gründungsprivilegien eine eigene Gerichtsbarkeit festschreiben lassen. Wurde also ein Student beim Raufen, der Bürgerbelästigung oder anderen Händeln erwischt, lautete das Urteil oftmals K.

So bezeichnete man die meist karg möblierten Arrestzellen der Universitäten. Der hier Eingesperrte musste die Kosten seiner Haft selbst tragen, doch das hieß keineswegs, dass ihm nur ➶ Gänsewein kredenzt wurde. Verfügte er über ein ausreichendes Handgeld, so brauchte er – jedenfalls in neuerer Zeit – dem ➶ Pedell nur ein paar Taler durch die Gitterstäbe zu schieben, und alsbald schleppte dieser eine Kanne Bier, kaltes Huhn und andere Leckereien aus dem örtlichen Feinkosthandel heran. Kein Wunder, dass es an manchen Universitäten als Ehrensache galt, während der Dauer der Immatrikulation mindestens einmal im K. einzusitzen. Noch 1909 resümierte die «Vossische Zeitung» anlässlich der Einrichtung eines provisorischen Karzers in Jena: «Ohne K. geht es nun einmal in Jena nicht.» Anfang des 20. Jahrhunderts wurden die meisten K. aufgelöst, an manchen Universitäten erst in den 1930er Jahren.

In heutiger Zeit dienen die mit buntem Graffiti verzierten Gewölbe meist als Museen. Stimmen, die eine Wiedereinführung des Karzers fordern, sind eher selten. Zuletzt ertönte dieser Ruf in der als liberal geltenden Wochenzeitung «Die Zeit». Am 29. Januar 1998 empfahl sie die K.-Strafe für Journalisten: «Indiskretion ist ihr Beruf. Wer also will, dass Journalisten über etwas stille schweigen, jedenfalls eine Zeit lang, der sperrt sie am besten in einen K.» Dieser Gedanke hat etwas für sich – jedenfalls in Einzelfällen. Die Studenten sind ohnehin schon mit Studiengebühren,

Bildungsreformen, Wohngemeinschaften, Mensa-Essen und Ikea-Möbeln hinreichend gestraft und müssen sich ihr restliches Leben lang davon erholen.

Katzelmacher

Auch Katzlmacher. Die Herkunft des Wortes K. ist unklar, es findet sich in kaum einem Wörterbuch. Worthistoriker vermuteten, dass Katzenköpfe genannte runde Pflastersteine (Kopfsteinpflaster) Pate standen, die von den oft im Straßenbau beschäftigten Gastarbeitern verlegt wurden. Eine andere Bedeutung könnte von der Geldkatze (veraltet für Brieftasche, wohl nach einem Fellbeutel benannt) herrühren, denn die Arbeiter wurden mit vergleichsweise guten Gehältern angelockt. Auch könnte das Wort aus dem mittelhochdeutschen Begriff für Kesselmacher oder fahrende Holzschnitzer (*Gatzel* – Holzlöffel) hergeleitet sein.

Tatsächlich ist das Wort weit älter. Schon A. J. Storfers fabelhafte Worterkundung «Im Dickicht der Sprache» (Wien 1937) spürt der Geschichte des Begriffs nach. Ihm zufolge war es schon in Österreich eine gängige Bezeichnung für Italiener. Als etwa die Kaiserin Maria Theresa (1717–1780) im Jahre 1741 ihren ersten Sohn, den späteren Kaiser Joseph († 1790) gebar, tauchte am Hofe ein Transparent mit der Aufschrift «Du K., pack dich fort!» auf. Damit sollte romanischen Ansprüchen auf den Thron die Absage erteilt werden, denn nun war ein männlicher Erbe geboren. Das «Wörterbuch der Wiener Volkssprache» hielt den Begriff 1873 für veraltet, doch berichtete die Grazer «Tagespost» noch Jahre später über die «berechtigte Aufregung der Romulusenkel» über dieses Wort. Noch 1960 lässt der Schriftsteller Martin Walser in seinem Roman «Halbzeit» einen deutschen Fabrikanten beim Italienurlaub ausrufen: «Italienern einen Denkzettel verpassen, wahnsinnige Schlamper, die K., aber dolce, dolce, dolce.» Und 1969 gibt das Wort einem Film von Rainer Werner Fassbinder (1945–1982) über einen Gastarbeiter den Titel.

Landläufig nahm man an, es unterstelle den Italienern eine unnatürliche, sodomitische Liebe zum Katzentier, ja sogar den Verzehr desselben. Möglicherweise hat man hier jedoch um den heißen Brei herumgeredet, denn dieser, wenn er aus Maismehl besteht, heißt Polenta, auf Italienisch auch *casia*. Und von da war es zur Katze nicht mehr weit. Das Wiener «Fremdenblatt» glaubte 1915 den Ursprung in einer Verballhornung von Käse *(cacio)* gefunden zu haben, und eine eindeutig zweideutige Erklärung bezieht sich auf das Wort *cazzo* für Penis (auch fast ein bedrohtes Wort). Ist der K. also ein Liebe- bzw. Kindermacher? Oder kommt er von der geheimnisumwobenen südfranzösischen Sekte der Katharer («die Reinen») und bedeutet so viel wie Ketzer? Die Etymologie ist keine exakte Wissenschaft, und im Grunde ist es beruhigend, dass sich das Wort heute weder historisch dingfest machen lässt noch mehrheitsfähig ist. Denn wo immer es auch herstammt, freundlich war es sicher nicht gemeint.

keppeln Auch kippeln. Hier geht es nicht um das gleichlautende Wackeln mit einem Stuhl auf dessen Hinterbeinen, das sich seit Jahrhunderten in Schulen nicht ausrotten lässt, sondern um einen höchst wienerischen Zeitvertreib. Wer keppelt, der streitet, nörgelt oder keift. Das Wort erlangte einige Verbreitung durch Grimmelshausens (1621–1676) Abenteuerroman «Simplizissimus», in dem es heißt: «Sie fingen an mit uns zu kippeln.» Das Wort geht auf den Kiefer, das Kinn und deren mahlende Bewegungen zurück, die beim zänkischen Gekeife notwendig entstehen. (So heißen in Wien die Schneidezähne auch Keppelzähne.) In der Schweiz spricht man vom chiben. A.J. Storfer überliefert die für Nicht-Österreicher wohl unaussprechliche Spruchweisheit aus dem Biedermeier: «Mein Weiberl ist g'sund, b'sunder's Brüstel ist guet, i g'spürs alle Tag, wanns mi ankepeln tuet.»

Kerbholz

Wer etwas auf demselben hat, der hat etwas ausgefressen. Die Redewendung stammt von einem archaischen Medium der Buchhaltung ab. In alter Zeit notierte man materielle Schulden durch Einkerben eines Holzstückes. Am Zahltag legte der Gläubiger dem Schuldner das K. vor. Dieses bewährte, angeblich 30 000 Jahre alte Verfahren schaffte man schließlich ab, in England übrigens erst im 19. Jahrhundert und mit fatalen Folgen. Als am 16. Oktober 1834 ein Stapel Kerbhölzer zu Entsorgungszwecken verbrannt wurde (die Steuerreform hatte sie durch Papier ersetzt), ging gleich das ganze Parlamentsgebäude in Flammen auf und

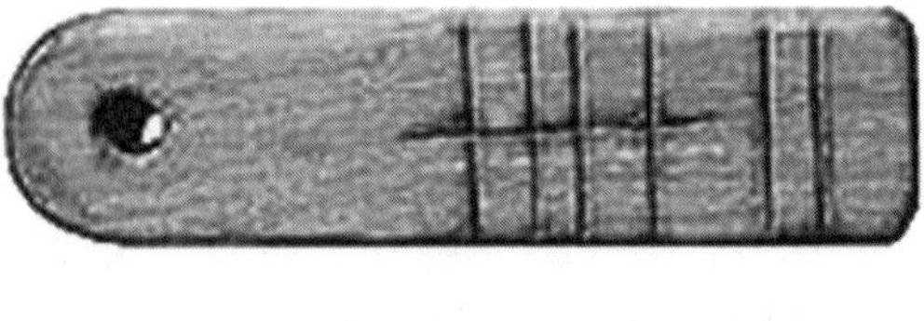

brannte nieder. So schnell wurde selten ein pauschaler Schuldenerlass realisiert.

Kerbtier Heutigen Sprachkritikern kommt es oft so vor, als würde die deutsche Sprache von neuen Fremdwörtern überflutet. Ein Blick in die Geschichte zeigt aber, dass schon frühere Menschen sich vor ganz ähnliche Probleme gestellt sahen. Einer der eifrigsten Eindeutscher war der Barockdichter Philip von Zesen (1619–1689). Unter dem Gesellschaftsnamen «der Wohlsetzende» wirkte er in dem frühen Sprachverein «Fruchtbringende Gesellschaft» und erfand dort viele Eindeutschungen. So ersetzte er das Fremdwort Tempel durch die Neuschöpfung Gotteshaus, machte aus der Passion die Leidenschaft, aus der Rezension die Besprechung und erfand für das Fremdwort Adresse die Anschrift. Andere Eindeutschungen setzten sich jedoch nicht durch. So ist das Wort Spitzgebäude für die Pyramide eher ungebräuchlich, die Elektrizität keine Blitzfeuererregung, und die Natur nennen wir auch nicht Zeugmutter – wie der bisweilen etwas übereifrige Wortschöpfer von Zesen vorschlug. Auch das Wort K. wollte sich nicht so recht etablieren. Wir Heutigen verwenden nach wie vor lieber das Fremdwort Insekt (von lateinisch *insectare* – einschneiden).

Kilroy Im 20. Jahrhundert ein ebenso rätselhaftes wie weit verbreitetes Graffito, das an Wänden, Schultafeln und so ziemlich allen anderen Orten auftauchen konnte.

Darunter fand sich meist der Satz «K. war hier». Die Tatsache, dass niemand wusste, wer oder was K. eigentlich sein sollte, hinderte Schüler nicht daran, das mysteriöse Menetekel von geradezu emblematischer Sinnlosigkeit in der ganzen Welt zu verbreiten. Nachforschungen des britischen Senders BBC führten zur Armee der Vereinigten Staaten von Amerika. Der Schiffsinspektor James J. Kilroy aus dem Staat Massachusetts soll bei seinen Kontrollgängen die Schiffsrümpfe mit dem Satz «K. was here» beschriftet haben, um zu markieren, welche Schiffswände ordnungsgemäß abgedichtet waren. Matrosen, die den Satz fanden, konnten sich keinen Reim auf die Kalligraphie machen und hielten sie für einen ➹ Ulk, den sie bereitwillig in alle Häfen weitertrugen.

Die Zeichnung einer Figur mit großen Augen, die über eine Mauer lugt, ursprünglich mit dem Slogan «Schmoe is watching you» versehen, soll schon vor dem Zweiten Weltkrieg an Kasernenwänden verbreitet gewesen sein – als Kritik an der mangelnden Privatsphäre in der Armee. Offenbar verschmolzen beide Graffiti im Krieg zu einem – und Kilroy wurde zum inoffiziellen Wappen der US-Armee, jedenfalls zum heimlichen Sport der Soldaten, die darum konkurrierten, Kilroy zuerst an möglichst unmöglichen und schwer erreichbaren Orten anzubringen. Die Botschaft war in etwa die der Fabel von Hase und Igel. Wo immer man hinkam: K. war schon da gewesen. Angeblich sollen amerikanische

Soldaten ihn bei der Einnahme von Hitlers Domizil auf dem Obersalzberg auf des «Führers» Spiegel verewigt haben. Kilroy-Forscher fanden ihn auf der Fackel der Freiheitsstatue, in polynesischen Hütten, am Pariser Triumphbogen und auf dem Gipfel des Mount Everest in Nepal.

Einer Anekdote zufolge soll Joseph Stalin (1878–1953) während der Potsdamer Konferenz (17. 7.–2. 8. 1945) nach dem Verlassen eines Raumes in Schloss Cecilienhof irritiert gefragt haben «Wer ist K.?» Der Regisseur Phil Karlson drehte 1947 einen Film mit dem Titel «K. was here», und in dem Film «Stoßtrupp Gold» (1970) mit Clint Eastwood hinterlassen Goldräuber den K. auf der Wand eines soeben geplünderten Tresorraumes. Der Sänger Marius Müller-Westernhagen bildete auf seiner 1981 veröffentlichten Langspielplatte «Stinker» sich selbst in der Pose des K. ab. Mittlerweile sieht man den K. nur noch selten, da er längst aufwendigeren Wandmalereien aus der Sprühdose gewichen ist. Das Wort K. kann daher als harmloser Vorbote der Graffiti-Ära gelten.

Klempner

Man ruft ihn, wenn der Wasserhahn tropft oder die Heizung pfeift. Meist dauert es dann Wochen, bis man «einen Termin» bekommt. Sodann rückt eine Kolonne mit schwerem Gerät an, in der Regel zu einer Uhrzeit, wo man entweder noch im Bett liegt oder anderweitig unpässlich ist. Die Fachkräfte, bestehend aus Meister und Geselle, besehen sich den Schaden, schauen auf die Uhr und lassen sofort alle Werkzeuge aus der Hand fallen, um erst mal ausgiebig zu frühstücken. Thermoskannen werden entkorkt, blecherne Butterbrotdosen kommen zum Vorschein. Nach dem Essen gibt es ein Zigarettchen, dann die verdiente Mittagspause, und erst danach (und nicht etwa vorher) ertönt die obligate und mürrisch vorgetragene Frage: «Kann ich mal Ihr Telefon benutzen?» Der Boiler ist zwar ausgebaut, doch jetzt fehlt der richtige Schraubenschlüssel. Man beratschlagt ausführlich mit der Werkstatt und beschließt sodann, nach einem erneuten Blick auf die Armbanduhr, an einem anderen Tag wiederzukommen. «Heute geht nichts mehr, ist doch schon Feierabend.» Nach vierzehn Tagen ohne Wasser und Heizung kommt dann ein Experte vorbei, dreht kurz an einer Schraube und erklärt: «Das war's.» Hebt man an zu fragen, warum das nicht schneller gehen konnte, erklingen maulende Ausflüchte: «Is doch nich meine Verantwortlichkeit, seh ich aus wie die Beschwerdestelle, wir machen auch bloß unsern Job, bei der Auftragslage» etc. pp. Dies ist seit Jahrhunderten ➚ zünftiger Brauch, und so kennen wir den K., der ursprünglich als metallverarbeitender Handwerker Blechner, Flaschner, Spangen- oder Laternenmacher hieß. Die Handwerker, die wir umgangssprachlich und damit falsch als K. (in Österreich und der Schweiz auch Spengler) bezeichnen, sind eigentlich Gas-Wasser-Sanitär-Installateure (GWS – im Volksmund auch für Gas-Wasser-Sch...). Mittlerweile aber nennt sich diese Profession hochtrabend Anlagenmechaniker für Sanitär-, Heizungs- und Klimatechnik. An den beschriebenen Abläufen ändert das leider rein gar nichts. Ausnahmen bestätigen die Regel.

Knicks Noch im 20. Jahrhundert mussten Mädchen ihn lernen: Zur Begrüßung einmal kurz in den Knien einknicken und brav lächeln, Jungs machten bei gleicher Gelegenheit einen artigen Diener. Gehört längst in das Museum ausgestorbener Höflichkeitsbekundungen.

Knutschkugel «Man muss nicht die Buchstaben in der lateinischen Sprache fragen, wie soll man deutsch reden, sondern man muss die Mutter im Hause, die Kinder auf der Gassen, den gemeinen Mann auf dem Markte darum fragen und denselben aufs Maul sehen.» Dies wusste schon der Doktor Martin Luther (1483–1546). Und manchmal kann Umgangssprache regelrecht zärtlich werden. Das liebevolle Wort K. erdachten die Deutschen für ein populäres Gefährt der Nachkriegszeit. Der Kabinenroller Isetta, am 5. März 1955 von den Bayerischen Motorenwerken zum günstigen Preis von 2580 DM vorgestellt, sah weniger wie ein Auto als vielmehr wie eine rollende Praline aus. Die Tür öffnete sich wie die eines Kühlschranks, er verfügte über eine Sitzbank im Miniaturformat und ein Armaturenbrett aus Pappe. Im Motor schnurrte ein Zylinder mit stolzen 12 PS. Dennoch verkaufte sich das Ersatzgefährt bis 1962 mehr als 161 000-mal. Das Wort K. (gelegentlich auch noch auf den VW-Käfer angewandt) steht in einer Reihe ehemals neuer deutscher Wörter, die gerade in der Nachkriegszeit aus der Automobil- und Motorradsprache stammen. Vgl. auch ➶ Mantalette und ➶ Hausfrauenporsche.

Kokotte Eine halbweltliche Dame, die ihr mitunter ausschweifendes Leben durch die Bekanntschaft zu vermögenden Herren finanziert, gelegentlich durch diese auch zu einem gewissen gesellschaftlichen Ruhm gelangen konnte. Wohl keiner beschrieb das Wesen der Kokotten, auch Tagesschönheiten genannt, besser als der französische Schriftsteller Henry Murger (1821–1861) in seinem Roman «Das Leben der Boheme» (1851): «Es war eine jener Frauen, von denen niemand weiß, wie und warum sie auf dem Turf der Galanterie (vgl. auch ➶ Galan) zu höchsten Preisen notiert sind. Ihr Name stand auf den Soupers, wo sie der lebendige Nachtisch sind. In unseren Tagen ist es ein Vorteil für einen Christen, mit einer dieser Heidinnen gesehen zu werden, an denen oft nichts anderes antik ist als ihr Geburtsschein. Sind sie hübsch, ist, alles in allem, das Unglück nicht groß: Das Schlimmste, was man riskiert, ist, dass man selber auf den Strohsack kommt, nachdem man sie in Palisander gesetzt hat. Kauft sie aber ihre Schönheit unzenweise beim Parfumeur, sodass sie keinen drei Tropfen Wassers auf einem Taschentuch widerstehen könnte, erschöpft sich außerdem ihr Geist in einem Vaudeville-Couplet, so kann man sich schwer erklären, wie vornehme Leute, die manchmal sogar Namen, Vernunft und einen modischen Rock besitzen, sich aus Liebe zum Alltäglichen hinreißen lassen, Geschöpfe, die Johann nicht zu seinem Lieschen machen würde, bis in die Niederungen banalster Laune zu ‹erheben›.»

Es sei hier korrigierend bemerkt, dass diese Sicht eine ausgesprochen männliche ist und deshalb sowohl in ihrer Zeit sowie ihrem literarischen Kontext verstanden werden muss. Tatsächlich blieb in alter Zeit, als sie weitgehend an Heim und Herd verdammt waren und die vornehmen Herren lieber standesgemäß heirateten, aufstiegswilligen Frauen oftmals nichts anderes übrig, als durch flüchtige Verbindungen ihr gesellschaftliches Umfeld wenigstens zeitweise zu verbessern und das graue Kleid der ➶ Grisette durch Damast und Spitzen zu ersetzen. Heute sieht man all dies nicht mehr ganz so eng, und so wird das Wort K. auf lebende Personen nur noch selten angewendet.

Kolonialwaren

In vielen Erinnerungen an die vermeintlich gute alte Zeit, die weder Supermarkt noch Kreditkarte kannte, taucht er regelmäßig auf: Der K.-Laden. Unter K. verstand man im engeren Sinne jene Köstlichkeiten, die per Schiff importiert wurden: Ananas, Bananen, ➶ Pampelmusen, Reis, Tabak, Gewürze, Mokka, Tee. Auch nach Ende des deutschen Kolonialismus gehörten die Kolonialwarengeschäfte ins vertraute Bild vieler Städte – mal als verkramte Tante-Emma-Lädchen, mal als Delikatessgeschäfte. Zur Kehrseite des Genussmittelgeschäfts gehörte die Abhängigkeit vieler ehemaliger Kolonien vom Export. Von der Kolonialgeschichte exotischer Waren zeugen bis heute Logos wie der 1918 geborene Mohr eines Süßwarenfabrikanten. Das Wort K. wird jedoch vermieden, man spricht korrekt von «außereuropäischen Gütern». Die gibt es nach dem Niedergang des Einzelhandels heute in jedem Supermarkt. Eine Nachfolge des K.-Handels sind mit einem speziellen Gütesiegel ausgezeichnete Waren, die in Übersee zu angemessenen Konditionen eingekauft werden und die eigenständige Entwicklung der dortigen Landwirtschaft fördern sollen. Man nennt sie deshalb nicht K., sondern *Fair-Trade*-Produkte.

kolossal Lieblingswort aus Kaisers Zeiten: «Kolossal tüchtig, der Bursche!», «Kolossale Sache, das» (beispielsweise beim Anblick einer blitzenden Militärparade mit flotter Marschmusik). Kam über das französische *colossal* ins Deutsche, leitet sich aber ursprünglich aus dem Griechischen her, wo *kolossós* eine überdimensionale Statue bezeichnete (lateinisch *colossus*). Berühmt wurde der «Koloss von Rhodos», eine dem Sonnengott Helios geweihte Riesenstatue. Dieses Bauwerk soll die ägäische Hafenstadt weithin sichtbar überragt haben und gilt deshalb als zweites der sieben Weltwunder. Von denen ist übrigens nur noch eines existent (die Pyramiden von Gizeh). Der Koloss soll anlässlich eines Erdbebens ins Meer gestürzt sein. Seine Trümmer wurden bis heute nicht gefunden. Das schöne Adjektiv möge vor solch einem Schicksal gefeit bleiben, das ersparte künftigen Wortarchäologen viel Arbeit.

Kompott Ein Wort, das nur noch in Gasthäusern auf den Speisekarten steht, in denen gehäkelte Deckchen auf den Tischen liegen und schmiedeeiserne Leuchter von der Decke drohen. Bezeichnete einst den Nachtisch (ein ähnlich vormodernes Wort), der nach einem Mahl den Magen verschließen sollte, zum Beispiel Birnen mit Schlagsahne oder eingekochte Äpfel, dick mit Zucker bestreut. Wer aber «in der Minzbutter glasierte Portweinfeigen an den karamellisierten Zimt-Pflaumen mit einer Tarte von der Edelbitterschokolade» bestellt, der liebt nicht nur den bestimmten Artikel. Er würde auch niemals freiwillig K. sagen – sondern immer Dessert.

Konfekt Beliebtes Geschenk von und für ältere Damen: die feine Mischung in der vergoldeten Pappschachtel mit Knisterpapier, früher gerne mit imitiertem Siegel und Prägestempel. Darin fanden sich, teils einzeln und in ➶ Stanniolpapier verpackte Spezereien: etwa fettes Schichtnougat, knuspriger Mandelkrokant oder kandierte Marzipanpistazien. Seit dem 16. Jahrhundert ist für solche Süßwaren das aus dem Mittelhochdeutschen entlehnte Wort *confect* (französisch für zubereitet, aus dem mittellateinischen *confectum*) üblich, mit dem man früher allerdings Arzneien meinte (verwandte Wörter sind auch Konfektion, Konfitüre und Konfetti). K. wird heute immer noch als Arznei für Gemütskrankheiten verabreicht und dient bei Gelegenheiten wie Krankenbesuch, Jubiläum oder Muttertag als gleichermaßen geeignetes Präsent. Nur sagt kein Mensch mehr K. dazu. Man spricht von Pralinen, vornehme Zeitgenossen sagen lieber *Pralinée*. Der Fachmann unterscheidet übrigens Schicht-, Überzug- und Hohlkörperpralinen. Auch wenn kaum jemand weiß, dass dieses Wort dem französischen Adligen Choiseu du Plessis-Praslin (1598–1675) seinen Namen verdankt, dessen Koch das Zuckerwerk erfunden haben soll. Aber wie besagt schon ein wörterfeindlicher Reklamespruch aus jüngerer Vergangenheit? «Kleine Torte statt vieler Worte.»

Kopfputz Altertümlich für die Kopfbedeckung (meist einer Frau), in erweiterter Nutzanwendung auch für eine aufwendige Frisur. Einst trugen unverheiratete Frauen ihr Haar meist offen oder zu Zöpfen geflochten, verheiratete Frauen dagegen bedeckten ihr Haupt mit einer Haube oder einem Tuch. Neben praktischen Gründen (Sonnenschutz) gab es auch religiöse. So schrieb schon Paulus an die Korinther: «Eine Frau aber, die da betet oder weissagt mit unbedecktem Haupt, die schändet ihr Haupt; denn es ist ebenso viel, als wäre sie geschoren. Will sie sich nicht bedecken, so schneide man ihr auch das Haar ab» (Korinther 11, 4–5). Diese fundamental christliche Verhüllungspflicht wurde in den Kopftuchdebatten vom Anfang des 21. Jahrhunderts gerne übersehen.

Kreißl Auch Wurzeltiger oder gehörnter Hase genanntes Tier, dessen Existenz von Wissenschaftlern immer wieder angezweifelt wird. Tatsächlich wird sie jedoch schon 1853 von den Gebrüdern Grimm bezeugt. K. sind äußerst scheue Tiere, die tief in den Wäldern leben und lebendig von kaum einem Menschenauge gesehen wurden. Einer alternativen Schöpfungsgeschichte zufolge ergriff Gott am siebenten Tage seiner Schöpfungstätigkeit eine innere Unruhe, und er sprach zu sich selbst: «Ein Tier brauch ich noch, in dem sich alles eint: Wiesel, Osterhase, Luchs, Pfau,

Eichhörnchen, Rehbock, Turmfalke, Iltis, Nachtigall, Gams, Ente und Rotfuchs.» So kam der K. in die Welt, der in Bayern auf den Namen Wolpertinger (vulgo: Wulpertinger) hört. Der bayerische Heimatdichter Ludwig Ganghofer (1855–1920) prägte die Bezeichnung Hirschbockbirkfuchsauergams.

Eng mit ihm verwandt sind der hessische Dilldapp, der österreichische Raurackl und der sächsische Rasselbock *(Hirculus crepans thuringiae)*. Die Jagd gilt als äußerst schwierig. Waidmänner behaupten, dass ein Fang nur dann gelinge, wenn eine schöne Jungfrau den Jäger in die tiefe Finsternis eines abgelegenen Waldstückes begleite. In bayerischen Wirtshäusern finden sich zahlreiche ausgestopfte Exemplare mit prächtigem Gefieder, gewaltigem Gehörn und samtigem Fell, die nach Expertenmeinung jedoch oftmals Fälschungen sind. In seinem bahnbrechenden Standardwerk «Und es gibt sie doch! Die Wahrheit über die Wolpertinger» wies der K.-Forscher Alfons Schweiggert jedoch nach, dass ein echter K. in eine Schreckstarre verfällt, sobald man ihn länger als zweieinhalb Minuten in einer Falle hält. Die Körperfunktionen des seiner Freiheit beraubten Tieres sinken sodann auf ein Minimum ab, und das Exemplar lässt sich gefahrlos heraus-

Die Zeichnung des K.-Forschers Alfons Schweiggert folgt streng wissenschaftlichen Erkenntnissen (Feder auf Papier).

nehmen und auf ein Podest stellen, wo es viele Jahre lang in seiner Starre verharrt. Der Unterschied zwischen einem solchen reglosen echten (noch stets lebendigen) und einem gefälschten, aus präparierten Tierteilen zusammengesetzten Exemplar ist selbst für den Experten nur schwer, für den Laien jedoch überhaupt nicht erkenntlich.

Kruzitürken Rund um die Donau ist der Ausruf K.! bis heute noch als derber Fluch geläufig, jedoch keinesfalls fremdenfeindlich motiviert. Das Wort leitet sich vom Kruzifix her und bezeichnete ursprünglich allgemein die Teilnehmer an einem Kreuzzug. Im 17. Jahrhundert waren damit Aufständische im Königreich Ungarn gemeint, die sich gegen die Habsburger stellten. Es handelte sich bei ihnen nicht um Türken, sondern um entflohene Soldaten, die gegen die Türken gekämpft hatten, meist Magyaren, Slowaken und Ukrainer. Der Ausruf K.! ist somit ein letztes Überbleibsel, das an die Angst der Habsburger vor den Heeren der Aufständischen erinnert.

Kündigungsschutz Seit Ende des 20. Jahrhunderts ein bedrohtes Wort. Von Arbeitgeberkreisen wird dessen Aussterben vorangetrieben, u. a. durch die Erfindung des Wortes Beschäftigungsbremse. Demzufolge sei der deutsche K. ein so genanntes Beschäftigungshemmnis. Einer Umfrage von 2005 zufolge hält ein Drittel der befragten Personaler das Kündigungsschutzgesetz für reformbedürftig. Auf das Einstellungsverhalten der Unternehmen habe der K. nach einer Studie des Wirtschafts- und Sozialwissenschaftlichen Instituts (WSI) jedoch keinen Einfluss. Wichtigere Faktoren dafür seien die wirtschaftliche Gesamtlage sowie die Aussichten für die kommenden fünf Jahre. Kritiker am K. führen ins Feld, er verhelfe selbst unfähigen Arbeitnehmern zu dauerhaften Anstellungsverhältnissen und begünstige selbst in der freien Wirtschaft eine Art Beamtenmentalität, da das Ersetzen so genannter Job-Nieten durch qualifizierte Arbeitskräfte praktisch kaum möglich sei. Auch würden ältere Arbeitnehmer und schwangere Frauen kaum eingestellt, da man sie nicht so leicht wieder loswerden könne. Ob allerdings die Abschaffung des Kündigungsschutzes dazu führt, dass mehr Frauen und Alte eingestellt oder – im Gegenteil – solche bei erster Gelegenheit vor die Tür gesetzt und durch jüngere Billiglöhner ersetzt würden, kann sich jeder selbst ausrechnen. Bei fortschreitender Liberalisierung muss man sich jedenfalls ernsthaft Sorgen machen – möglich, dass dieses Wort bald fristlos aus dem Wortschatz des Sozialstaates entlassen wird und stempeln gehen muss.

kujonieren

«Sie k. mich! Sie kuranzen mich!», schrie jähzornig der Flametti in Hugo Balls (1886–1927) Roman «Flametti oder Vom Dandysmus der Armen» (1918) und griff nach einem Pflasterstein. Er hatte recht, sich zu beklagen, denn wer einen anderen kujoniert, der schikaniert ihn. Das Wort, das sich vom französischen *couyoun* (Feigling) herleitet, ist kaum noch bekannt. Und noch weniger bekannt ist, dass es auch mit dem alten italienischen Wort *coglione* verwandt ist, das nichts anderes als Hoden bedeutet. Schon im Lateinischen *(culio)* wurde es auch als Schimpfwort für einen «Entmannten» verwendet, weswegen man auch mit dem vergessenen Schimpfwort Kujon (Schuft) eher sparsam umgehen sollte.

Kummerbund

Nicht etwa ein Zusammenschluss übellauniger oder trauernder Zeitgenossen. Vielmehr ein Kleidungsstück, das englische Soldaten aus Indien mitgebracht haben sollen. Weil ihnen im Kolonialklima zu heiß ward, tauschten sie die europäische Weste gegen eine traditionelle Schärpe, also eine Leibbinde, auf Hindi *kamarband* (Hüftgürtel) genannt. Dieses Wort wurde als *cummerbund* ins Englische aufgenommen und hierzulande zum Kummerbund verdenglischt. Die neueste indische Mode wurde Ende des 19. Jahrhunderts auf den Britischen Inseln als Unterbekleidung zum Abendanzug salonfähig, in Deutschland setzte sie sich mit dem so genannten Smoking in den 1930er Jahren durch. Weil im indischen Original eine kleine Tasche eingenäht war, trägt man die gefältelte Schärpe mit der Öffnung der Falten nach oben. Heute allerdings, wenn überhaupt, dann nur noch zu Hochzeiten oder Bällen. Bauchbinden tragen in der Regel nur Zigarren, dort heißen sie aber Banderolen. Das Wort Kummerbund sollte dennoch bewahrt werden, denn es ist ein frühes Beispiel für die Verdenglischung und eines der ganz wenigen deutschen Wörter, die aus Übersee importiert wurden. Vgl. ➶ Kolonialwaren.

Kuppelei Wer andere zur Unzucht anstiftete bzw. diese aus gewerblichem Interesse begünstigte oder vorsätzlich vermittelte oder begünstigte, der machte sich der K. schuldig. Vermieter und Hoteliers verbaten aus Angst vor einer dementsprechenden Anschuldigung oftmals pauschal den Damen- bzw. Herrenbesuch in ihren Gemächern. Dieses Vergehen wurde in der Bundesrepublik Deutschland bis in die 1960er Jahre hinein nach dem Paragraphen 180 des Strafgesetzbuches geahndet, und zwar mit einer Gefängnisstrafe von einem Tag bis zu fünf Jahren Dauer. 1888 erklärt «Meyers Konversationslexikon»: «Als Verbrechen, dessen bloßer Versuch schon strafbar ist, erscheint die K. (schwere K.) dann, wenn dabei hinterlistige Kunstgriffe angewendet wurden oder wenn der Schuldige zu den Personen, mit welchen die Unzucht getrieben worden, in dem Verhältnis von Eltern zu Kindern, von Vormündern zu Pflegebefohlenen, von Geistlichen, Lehrern oder Erziehern zu den von ihnen zu unterrichtenden oder zu erziehenden Personen steht.» Auch konnten die bürgerlichen Ehrenrechte aberkannt und Polizeiaufsicht angeordnet werden. Die große Strafrechtsreform von 1969 entschärfte dieses Verbrechen wider die Sittlichkeit und stellt seitdem nur noch das Kuppeln von Minderjährigen unter 16 Jahren unter Strafe. Auch die Zwangsprostitution wird noch vom Strafrecht geahndet. Alle anderen dürfen sich ganz legal paaren, wann, wo, wie und mit wem immer es ihnen beliebt.

kuranzen Siehe ➶ kujonieren.

L

Libero Der Nachfolger des Mittelläufers war lange Zeit ein Charakteristikum des Fußballs. Hinter Manndeckern und Vorstoppern konnte er als flexibler Taktiker sowohl Verteidigung als auch Angriff bestreiten. Das Wort stammt aus dem Lateinischen, wo es einen freien Mann bezeichnet. Bekannt wurde er durch die Fernsehsendung «Manni, der Libero» (mit dem Kinderstar Thommy Ohrner), und auch der spielerische Ruhm eines Franz Beckenbauers, eines Lothar Matthäus oder Matthias Sammer ist strategisch nur aus dieser Spielerposition heraus zu erklären. Fiel der Viererkette zum Opfer, auch wenn Otto Rehhagel dieses nostalgische Relikt alten Qualitätsfußballs zeitweise mit Erfolg reanimierte – wenn auch nicht in Deutschland, sondern als Trainer der griechischen Elf. Die Frage, ob das Aussterben des freien Mannes auf dem Rasen zugunsten eines strategischen Quartetts zu beklagen ist, überlassen wir den Stammtischen der Vereinslokale.

Litfaßsäule Ihr Erfinder ging als Säulenheiliger in die Annalen der Reklame ein. Amandus Ernst Theodor Litfaß (1816–1874), ein Berliner Verlegersohn, dilettierte zunächst als Theaterschauspieler, bevor er sich als Unternehmer einen Namen machte. Zunächst druckte er Plakate, und als das wilde Plakatieren zum Problem wurde, bot er die Lösung desselben an: Am 1. Juli 1855 ließ er die erste Berliner Anschlagsäule an der Münzstraße, Ecke Grenadierstraße aufstellen, die Bürger standen Spalier. Auf den Säulen ließen sich gegen eine Gebühr ganz legal Aufrufe, Bekanntmachungen und Wandzeitungen plakatieren. Die Werbeeinnahmen blieben zunächst bescheiden, für 100 Quartplakate war eine Taxe von 100 Silbergroschen fällig. Litfaß ließ seine Säulen – er hatte Ähnliches in London und Paris gesehen – durch selbstgedichtete Gassenhauer von Leierkastenmännern besingen und tat auch sonst alles zum Ruhme der eigenen Person als «Reklamekönig». Schließlich erhielt Litfaß das Monopol an Plakatsäulen zugesprochen und ließ im Gegenzug amtliche Bekanntmachungen und Kriegsdepeschen aus dem Deutsch-Französischen Krieg (1870/71) kleben. Nicht zu jedermanns Gefallen. Das Bürgertum lief teils Sturm gegen die Verschandelung der öffentlichen Straßen, der «Kladderadatsch» sprach von «Litfaselei». Hans Bötticher (1883–1934), besser bekannt als Joachim Ringelnatz, besang das neue Medium:

Es stehen die Litfaßsäulen
Verstreut, den Leuchttürmen gleich,
Und lassen vom Wind sich umheulen
Und werden im Regen ganz weich.

Und rufen und locken und preisen
Aus buntem und grellem Papier
Und drohen und stechen und beißen
Und lügen noch schlimmer als wir.

Litfaß hinterließ nach seinem Tode ein beträchtliches Erbe, doch die Erben interessierten sich wenig für die Säulen und verloren die Konzession 1880. Von anfänglich 100 Säulen wuchs die Zahl auf mehr als 3000 in den 1920er Jahren, und sie verbreiteten sich auch in anderen europäischen Städten. Nach Angaben des Zentralverbandes der Werbewirtschaft gab es im Jahr 2004 noch mehr als 17 000 Litfaßsäulen in Deutschland, die rund 1,5 Milliarden Euro im Jahr erwirtschafteten. Als Nachfolger des Reklamekönigs sieht sich der Unternehmer Hans Wall, der die Städte mit Leuchtkästen an Bushaltestellen und so genannten City-Toiletten beschenkt. Seine werbewirksamen Multifunktionsflächen nennt er allerdings «City-Möbel», obwohl man sich nur selten darauf niederlassen kann. Nachfolger der Litfaßsäule ist eine Pillar genannte zylindrische Ummantelung von öffentlichen Apparaturen, etwa Telefonen oder Automaten. Noch hält sich die alte Säule tapfer, doch wird sie schon von Citylight-Postern, gigantischen Flachbildschirmen und beleuchteten Bushaltestellenfenstern bedroht.

löcken

Wer wider den Stachel löckt, der gilt als unbequem, weil er sich gegen die Macht bzw. die Mehrheit stellt. Das Wort löcken ist aber außerhalb dieser Redewendung kaum noch gebräuchlich. Bibelfeste Zeitgenossen wissen, dass es aus dem Buch der Bücher stammt. Denn «als wir aber alle zur Erde niederfielen, hörte ich eine Stimme reden zu mir, die sprach auf Hebräisch: Saul, Saul, was verfolgst du mich? Es wird dir schwer sein, wider den Stachel zu löcken» (Apostelgeschichte des Lukas, 26, 14). Da die

Israeliten zu dieser Zeit nomadisierende Hirten waren, stammt dieser Ausspruch aus dem Wortschatz der Viehtreiber. Gemeint war der Stachelstock des Ochsentreibers. Luther verwendete in seiner Übersetzung noch das Wort lecken, ab dem 17. Jahrhundert ersetzte man es laut Röhricht durch «löcken» – ein veraltetes Wort für ausschlagen. Tatsächlich aber enthält noch die Jubiläumsbibel von 1912 das modernere Wort lecken, das bedrohte Wort l. wurde erst anlässlich der Bibelrevision des Alten Testamentes von 1964 wieder eingefügt – und so vorerst gerettet. Vgl. auch ➶ frohlocken.

M

Mammon Der Reformator Martin Luther hat bekanntlich in elf Wochen die Bibel aus dem Althebräischen und Altgriechischen ins Deutsche übersetzt. Die ganze Bibel? Nein, mindestens ein kleines Wort hat er dabei vergessen. Es lautet M. Schon in der lateinischen Bibelausgabe blieb das Wort in griechischer Schreibweise erhalten, Luther ließ es auch im Deutschen einfach stehen. Eigentlich aber stammt es aus dem Aramäischen, wo *mâmônâ* so viel wie Vermögen oder Besitz bedeutete.

Manchesterhose Nach der nordenglischen Stadt Manchester ist nicht nur eine Ausprägung des Kapitalismus benannt. Auch ein aus geripptem Textilgewebe genähtes Beinkleid hieß bis ins späte 20. Jahrhundert hinein noch M. Seinen Namen verdankt das Gewebe der in Manchester beheimateten Textilindustrie, besonders den Baumwollspinnereien, die auch ein Hort der Kinderarbeit waren. Heute spricht man von Cord oder Cordsamt.

Mantalette Wohl kein Automobil führte zu so viel kreativen Wortschöpfungen wie der Opel Manta. Als Mittelklassemodell folgte er 1970 dem ➚ Hausfrauenporsche, doch an seinen schnittigen Linien schieden sich die

Geister. So galt der Manta in den 80er Jahren als Zugehörigkeitssymbol einer sozialen Schicht – und nicht in erster Linie als Fortbewegungsmittel. So genannte Manta-Witze, die mehr vom Fahrer als vom Auto handelten und diesem geistige Trägheit, eine Vorliebe zu fransigen Frisuren und eine Neigung zu Friseurinnen auf dem Beifahrersitz unterstellten, waren Legion. Einer betraf die Schuhmode des Mantafahrers. Demnach war die M. eine Zeit lang die verbreitete Bezeichnung für ein Paar spitzer Cowboystiefel.

Masel Wer Masel, Masl oder Massel hat, der hat umgangssprachlich Schwein gehabt. Das aus dem Jiddischen stammende Wort steht für eine überraschende, glückliche Wendung, auch für Glück im Unglück. Im Hebräischen ist der Masol der Glücksstern. Heute hält sich das Wort noch in seiner Verkehrung: z. B. etwas vermasseln.

Matrone Abwertende Bezeichnung für eine Respekt gebietende Dame, die gewöhnlich nicht zu Scherzen aufgelegt ist und sich auch äußerlich eher zugeknöpft gibt. So erinnert sich der Wiener Dramatiker Arthur Schnitzler (1862–1931) in seiner Autobiographie an eine jugendliche, hübsche Frau, die »in ihrem früh ergrauten Haar mir Vierundzwanzigjährigem wie eine M. erschien». Schon «Spemanns goldenes Buch der Sitte» empfahl deshalb 1901: «Man braucht sich in einem gewissen Alter durchaus noch nicht matronenhaft zu kleiden, um offen zu gestehen, dass man auf jedes Gefallen verzichtet hat. Die Zeit, in der ältere und alte Damen nur mit ➶ Kapotten mit breiten lila Bindebändern und schweren Perlkragen auch in den ärgsten Hundstagen einher keuchen mussten, ist längst überwunden.» Ursprünglich jedoch war eine M. eine heidnische Muttergottheit germanisch-keltischen Ursprungs. Deren Ursprünge liegen allerdings im Weihrauch-Nebel unserer Vorfahren verborgen. Bekannt ist, dass in alter Zeit den mehr als 1000 bekannten Matronen Opfer dargebracht wurden, für Fruchtbarkeit und Schutz, seltener auch für Kriegsglück. Schon in römischer Zeit waren der M. die Attribute Schlange, Kinder und Windel zugeordnet. Diese Trias galt auch noch in späteren Jahrhunderten, wo man vom Äußeren der oft voluminös gerundeten Matronen-Götzen auf mütterliche Damen schloss. Wann aus einer jungen Frau eine solche spätere M. wird, ist individuell verschieden.

Stattliches Weibsbild römischer Herkunft

Ein Anhaltspunkt könnte das Bekenntnis der Schriftstellerin Christa Wolf sein. Sie schrieb 1970 im Alter von 41 Jahren in einem Brief an ihre Kollegin Brigitte Reimann (1933–1973): «Wir waren letzte Woche auf einem Abiturball, der in einem großen Ausflugslokal in Werder vor sich ging und urkomisch war, mit vielen Liebespärchen und betrunkenen Lehrern, da merkte man auf einmal, wie man allmählich zur M. wird.» Man darf annehmen, dass sich dieses Gefühl aus einer gewissen Reserviertheit gegenüber der heiteren Geselligkeit ergab. Wer jemals – beispielsweise zur Obsternte – im märkischen Trinkerstädtchen Werder weilte und die Folgen des Konsums von diversen Bränden am eigenen Leibe erleben musste, der wird Frau Wolf verstehen. Wie es im Innern einer M. aussieht, ist dagegen noch unerforscht. Der Nationalökonom Max Weber (1864–1920) jedenfalls spekulierte: «Im Stillen beneidet jede M. die geistreiche ➶ Hetäre.»

Maulschelle Das Wort geht auf merkwürdige deutsche Rechtsbräuche zurück. So war es laut dem «Deutschen Rechtswörterbuch» in alter Zeit durchaus üblich, dass ein Geselle, der seine Lehrzeit um 1714 beendete, «ein paar maulschellen oder ohrfeigen außhalten müsse und dabey die formalien pflegen adhibiret werden». Schon früher galt die M. als angemessene Antwort auf eine Beleidigung, etwa durch eine Frau: «wenn en unverschämt wief enen framen mann mit worden schmähede, in gegenwart ehrlicken männer de mag ehr mit gutem fuge ene brafe muhlschelle oder ohrfiege geven mit flacker hand», stellte ein Schweriner Rechtswerk 1558 fest. Und wer noch im 19. Jahrhundert ein Duell suchte, der konnte seiner Forderung mit einem Schlag ins Gesicht des Gegners Nachdruck verleihen – notfalls auch mit dem leeren Handschuh. Heutzutage wird die M. ebenso wie die Ohrfeige strafrechtlich verfolgt und als Körperverletzung geahndet, und auch Lehrlinge kommen allenfalls noch nach Feierabend mit ihr in Berührung – aber nicht mehr bei offiziellen Zeremonien.

meschugge Kaum eine Sprache hat das Deutsche so befruchtet wie das Jiddische. So wurde das Wort aus dem Jiddischen (*meschuggo* – verrückt) eingedeutscht. Wer m. ist, der ist gewissermaßen kirre, das heißt, er hat nicht alle Tassen im Schrank bzw. tickt nicht ganz richtig, mit anderen Worten: Er ist verrückt. Oder, wie der böhmische Schriftsteller Franz Kafka (1883–1924) in seinem «Brief an den Vater» (1919) schrieb: Er ist «verrückt, überspannt, meschugge, nicht normal». Auch Lion Feuchtwanger, Hans Fallada, Kurt Tucholsky und der rasende Reporter Egon Erwin Kisch haben das Wort häufig verwendet. Und noch 1990 fragt Maxim Biller: «Glaubst du, ich weiß nicht, was ihr alle von mir denkt? Dass ich m. bin, denkt ihr, krank im Kopf» (in seinem Erzählband «Wenn ich einmal reich und tot bin»). Ein schönes Bild zur Erklärung des Wortes fand Dietrich Schwanitz (1940–2004): «Wer gegen die Chronologie polemisiert, ist so m. wie jemand, der die Abschaffung der Bretter aus den Bücherborden zu seiner Lebensaufgabe macht.» Und damit hatte er zweifellos recht.

Merker Das Amt des Stadtschreibers. Bekannt geworden durch die Figur des Sixtus ➶ Beckmesser, der das Amt in der Wagner-Oper «Die Meistersinger von Nürnberg» ausübte. »Der Merker werde so bestellt,/daß weder Hass noch Lieben/das Urteil trübe, dass er fällt.» Diesem Anspruch wurde schon der Merker Beckmesser nicht gerecht, seine Nachfahren wurden es ebenso wenig. Vielleicht hat man deshalb das ehrwürdige Amt – ebenso wie das des Nachtwächters – weitgehend abgeschafft. Als Stadtschreiber ist zu Beginn des 21. Jahrhunderts ein Literaturstipendium bekannt, das Wort Merker führt noch eine Opernzeitschrift im Titel. Manch heutigen Merkern bzw. Kritikern lässt sich mit Wagner entgegenhalten: «Herr Merker, was doch solch ein Eifer/was doch so wenig Ruh?/Euer Urteil, dünkt mich, wäre reifer/hörtet Ihr besser zu.»

Meuchelpuffer Der barocke Sprachpurist Philip von Zesen (1619–1689) erfand angeblich dieses Wort, um das Fremdwort Pistole abzulösen (im 16. und 17. Jahrhundert nannte man Handwaffen auch Faustrohr, Faustbüchse oder Puffer). Leider setzte sich die schöne Wortschöpfung nicht durch. Vgl. auch ➶ Kerbtier.

Mietskaserne Der Vorgänger des sozialen Wohnungsbaus: um die Jahrhundertwende errichtetes Mietshaus, das auf minimalem Platz eine maximale Anzahl von Unterkünften bot. Diese Quartiere, in Österreich auch als Zinshäuser bekannt, hatten oftmals nur schachtartige Innenhöfe von wenigen Metern Durchmesser. Um dennoch Lichteinfall zu ermöglichen, wurden in Berlin Spiegel montiert, die das Sonnenlicht in die Höfe hinunterreflektierten. Von der Straße aus war die M. oft nicht als solche zu erkennen, da ein repräsentatives Vorderhaus mit Bürgerwohnungen das Elend im Hinterhaus verbarg, ganz nach dem Prinzip: «Vorne hui, hinten pfui» (Volksmund). Als Gegenbewegung entstanden Schrebergärten und genossenschaftlicher Wohnungsbau. In der DDR traten Plattenbauten die Nachfolge der Mietskasernen an, im Westen errichtete man Hochhaussiedlungen. Heute erklingt das Wort kaum noch, da sanierter Altbau und abgezogene Holzdielen in Kreisen geschmacksbewusster *Dinks (double income, no kids)* als repräsentativ gelten. Man muss sich die Hinterhauszimmer ja auch nicht mehr mit sieben schmutzigen ➶ Proletarierkindern teilen.

Mischpoke Früher einmal abwertend, heute eher salopp – wenn überhaupt noch verwendet. Das aus dem Jiddischen stammende Wort steht im Brockhaus von 1908 für Sippschaft bzw. Familie, im Jiddischen wurde es wertneutral gebraucht. Vor der Massenvernichtung der europäischen Juden durch die Nationalsozialisten sprachen noch 12 Millionen Menschen die westgermanische Sprache mit slawischen und semitischen Elementen, heute ist sie bedroht.

Mordio Siehe ➶ Zeter.

Mottek »Ej Ali, gib ma M.!» Ein Ruf, der auf den Baustellen des Ruhrgebiets von jedermann verstanden wird. Alsdann wird der Hammer hinübergereicht. Das Wort

Mlotek (für Hammer) brachten Einwanderer aus Osteuropa mit, die als Kumpel im Bergbau zwischen Rhein und Ruhr anheuerten. Dort wurde das Wort ganz selbstverständlich in die deutsche Umgangssprache integriert und von Arbeitern und Handwerkern «auf Montage» in der ganzen Republik verbreitet («Ein ➚ Oschek wie ein Mottek»). Es liegt heute quicklebendig in vielen Werkzeugkästen herum, doch weiß kaum noch jemand, wo es ursprünglich herkam: aus dem Polnischen.

N

Nasenfahrrad Das Problem am Neudeutschen ist nicht etwa, dass es überwiegend auf das Englische zurückgeht. Was viele Menschen vollkommen zu Recht irritiert, ist die sinnfreie Verwendung von Fachvokabeln und Managersprache in gänzlich banalen Zusammenhängen. Betritt man heutzutage beispielsweise ein Optikergeschäft, um eine Brille zu kaufen, so kann es passieren, dass das diesbezüglich abgerichtete Fachpersonal einem imponierdeutsche Formulierungen wie diese entgegenschleudert: «Wünschen Sie ein Relaunch für Ihr Face-Design?» Sollten Sie jemals mit derartigen Schaumschlägereien attackiert werden, so empfehlen wir den Gegenangriff mit bedrohten Wörtern. In diesem Falle etwa so: «Nein, eigentlich möchte ich nur ein neues N. für meinen ➶ Gesichtserker erwerben.» Älter ist allerdings die herkömmliche Bezeichnung Brille. So nannte man die seit dem 13. Jahrhundert bekannten Augengläser, die aus sehr harten Bergkristallen (Beryllen) geschliffen wurden.

Nassauer Wer kennte ihn nicht? Stets darauf aus, «für lau» durchs Leben zu kommen, keinen blanken Heller in der Tasche und mit einem sehr unzuverlässigen Gedächtnis ausgestattet, was das eigene Schuldenkonto betrifft. Wer nassauert, ist ein Schnorrer, Schmarotzer und Geizhals.

Oder, wie es in Lexika des 19. Jahrhunderts treffend heißt: «wer sich auf Kosten anderer einen Genuss verschafft, von anderen freihalten lässt». Die Herkunft indes ist unsicher. Das Wort nass war in der Gossensprache, dem Rotwelsch der Diebe und ➶ Dirnen, ein Synonym für pleite. Ein «nasser Junge» etwa war ein Bordellbesucher, der die im horizontalen Gewerbe tätigen Liebesdienerinnen um ihre Künstlergage prellte. Eine andere Erklärung sucht die Herkunft im Herzogtum Nassau, das über keine Universität verfügte und mit einem Staatsvertrag die Königlich Hannoversche Universität kurzerhand zur Nassauischen Bildungsinstitution erklärte. Um die Studenten zum Fernstudium zu bewegen und den Reiseweg zu vergolden, wurden ihnen Gutscheine zur kostenlosen Verköstigung gewährt. Da diese Essensmarken oftmals an hungrige Nichtakademiker verhökert oder verschenkt wurden, nannte man diese Scheinstudenten, die sich umsonst den Wanst vollschlugen, die «falschen Nassauer». Wieder eine andere Erklärung deutet auf das hebräische Wort *nasson* für schenken. Doch wo immer es auch herkommt: Heute hat es weitgehend ausgedient. Man hat es durch ungute Wortkonstruktionen wie Sozialschmarotzer ersetzt.

Nickelodeon

Frühe Bezeichnung für ein Lichtspieltheater. Während mit ➶ Odeon ein Kino- bzw. Theatergebäude gemeint war, stand das Wort Nickel für die Fünf-Cent-Münze, die aus diesem billigen Metall geprägt wurde. So günstig war einst der Eintritt ins Kino. Als erstes N. gilt die Penny Arcade in Los Angeles (1896). In frühen N.s wurden zumeist mehrere Kurzfilme vorgeführt, während des Rollenwechsels gab es auch musikalische Darbietungen zum Mitsingen, den Ton zum Stummfilm improvisierte der Mann am Klavier. Die Eintrittspreise für Kinos stiegen schon bald, und so hatte auch das antikisierende Wort leider seine Berechtigung verloren. Wer sich heute noch zum «Besuch eines N.s» verabredet, der ist vermutlich entweder Altphilologe oder ein Freund von Sandalenfilmen. Im Englischen lebt das Wort als Bezeichnung für eine Musikbox fort.

Nickerchen Wer eines am Arbeitsplatz hielt, dem drohten früher unangenehme Konsequenzen (es sei denn, er war Beamter). Die korrekte Bezeichnung für ein N. lautet Superschlaf. So nennen Experten ein minutenkurzes Schläfchen, das vorzugsweise zur Mittagszeit gehalten werden soll, der kurzfristigen Regeneration dient und in manchen Gegenden unter dem Namen Siesta geradezu kulturprägenden Charakter besitzt, wie jeder weiß, der schon mal in Palermo, Padua oder Palma de Mallorca ein Postamt zur Mittagszeit betreten wollte. Seit eine NASA-Studie belegte, dass ein Kurzschlaf von zwanzig bis dreißig Minuten Dauer die Reaktionsgeschwindigkeit um bis zu 16 Prozent und die Konzentrationsfähigkeit um bis zu 35 Prozent verbessert, verfügen zeitgemäße Unternehmen über eigens konstruierte Dormitorien bzw. mobile Schlafkabinen. Den legalen Kurzschlaf am Arbeitsplatz nennt man heute offiziell *Power-Napping*.

Normbrecher Siehe ➶ Hennecke.

O

Odeon Früher allgemeingültiger Begriff für ein Theatergebäude. Stammt aus dem Griechischen, wo etwa das am Markt von Sparta erbaute Festspielhaus oder das Athener Theater an der Akropolis Pate standen. Diese Bauwerke dienten der Aufführung von Spielen und Wettkämpfen sowie der Rezitation von Texten. Im Unterschied zu offenen Stadien war das O. (auch Odeum oder Odeion) überdacht. Heute erinnern nur noch die Eigennamen alter Lichtspielhäuser oder Festspielhäuser wie das Münchner O. an den antiken Ursprung des Wortes. Vgl. ➶ Nickelodeon.

Ölgötze Wer wie ein Ö. dasteht, der macht meist keinen besonders regen Eindruck. In der Regel wirkt er eher teilnahmslos bis erstarrt. Das Wort stammt aus dem Lutherdeutsch der Reformation. Ursprünglich seien damit einmal die im Garten Gethsemane am Ölberg schlafenden Jünger Jesu gemeint gewesen, doch diese Deutung darf angezweifelt werden. Als Ölgötzen verspotteten die frühen Protestanten die Ölgemälde und geschnitzten Holzbildnisse in den prunkvollen römischen Kirchen. Der Zürcher Reformator Ulrich Zwingli (1484–1531) wandte das Schmähwort auch auf die mit Öl gesalbten Priester an. Im Schriftdeutsch taucht das Wort 1520 erstmalig bei Martin Luther auf: «wen wyr ynn der kirchen seyn unter der meß, da stehn wir wie die öl götzen». Luthers katholischer Gegenspieler Thomas Murner (1475–1537) schimpfte zurück: «Sein es bischöff und prelaten,/So nennen Sie's Apostaten,/Die priester esel und ölgötzen.» In manchen Gegenden hat sich das Wort auch als Bezeichnung für die hölzernen Ständer von Öllampen eingebürgert. Heute sind diese und andere Bedeutungen weitgehend verloren gegangen, und selbst der Ausspruch, «jemand stehe da wie ein Ö.», wirkt bereits etwas ranzig. Vgl. ➶ Trantüte.

Onkelehe Spöttische Bezeichnung für die Beziehung einer Witwe, die auf den Trauschein verzichtete, um weiterhin ihre Witwenrente zu kassieren. Die Kinder dieser Witwe hatten nun keinen neuen Stiefvater, sondern offiziell nur einen Nennonkel – eine Praxis, die in Nachkriegszeiten bei so genannten Kriegerwitwen weit verbreitet war. Vgl. auch ➶ Josefehe sowie ➶ Schwagerehe.

Orlog Ursprünglich niederdeutsches Wort, das im Niederländischen (oorlog) noch stets für Krieg steht. Hat sich im maritimen Vokabular bis heute über Wasser gehalten, so heißt dort ein Kriegsschiff gelegentlich noch Orlogsschiff und ein kämpfender Matrose Orlogssoldat. Johann Heinrich Voß (1751–1826) schaute in seinen Übersetzungen aus der klassischen Antike «Orlogsflotten von Erz». Heute ist das Wort allerdings so abgetakelt wie eine alte Fregatte. Im Vokabular der meisten Zeitgenossen dürfte es längst gekentert sein und im versunkenen Wortschatz irgendwo am Meeresgrund der ausgestorbenen Sprache liegen. Wörter wie O. und selbst Krieg meiden die offiziellen Quellen tunlichst. Stattdessen lenkt man mit Begriffshülsen wie Präventivschlag, Kollateralschaden oder «militärische Aktionen» davon ab, worum es eigentlich geht: um Blutvergießen. Vgl. ➶ Hader.

Oschek Umgangssprachliches Wort für einen groben, großen und ungehobelten Gegenstand bzw. ein stattliches Mannsbild, also einen gewaltigen Kerl. Verbreitet vor allem in sterbenden Bergbauregionen wie dem Ruhrgebiet. Ursprünglich allerdings ein Begriff aus der jüdischen Rechtslehre: Raub durch Bedrückung und Vorenthaltung von fremdem Eigentum. Das Diminutiv lautet Oschi, steht aber selten für etwas Niedliches, vielmehr für einen ebenfalls ungewöhnlich großen Gegenstand. Vgl. auch ➶ Mottek.

P

Pampelmuse Zitrusfrucht mit hellgelber bis grünlicher Schale, die bis zu 45 mg Vitamin C enthalten kann. In deutschen Obstkörben ist sie nur noch selten anzutreffen, da sie zunehmend von der Grapefruit verdrängt wird. Tatsächlich handelt es sich um zwei verschiedene Früchte. Im Unterschied zur kleineren Grapefruit *(citrus paradisi)* zeichnet sich die P. *(citrus maxima)* durch eine bessere Lagerfähigkeit (zwei bis drei Monate) und einen weniger süßen Geschmack aus. Somit handelt es sich bei der Grapefruit nicht etwa um das englische Wort für eine P. – sie heißt auf Englisch Pomelo oder auch nach ihrem Entdecker Shaddock. Verwirrung stiftet zudem eine in Europa verkaufte Frucht namens Pomelo, bei der es sich jedoch um eine Kreuzung aus Grapefruit und Apfelsine handelt. Das «Deutsche Koloniallexikon» schrieb 1920 über die P.: «Die Pompelmusen wurden von dem englischen Kapitän Shaddock nach Westindien gebracht und haben dort beim Nachbau eine heute viel kultivierte und als feines Tafelobst sehr beliebte Varietät ergeben. Man nennt sie nach der Ausbildung des Fruchtstandes Grapefruit. Sie kommen in zwei Sorten, einer apfelförmigen und einer birnenförmigen, auf den Markt und fehlen weder in den Großstädten der Vereinigten Staaten noch in Europa in den besseren Obstgeschäften. Man kann die P. und die Grapefruit wohl als die Orange der Tropen bezeichnen.» Die vorwiegend in Südostasien und Israel angebaute echte P. wird jedoch nur selten angeboten, Experten gehen davon aus, dass es sich oftmals um Fälschungen handelt, die tatsächlich Grapefruits sind. Da den Unterschied zwischen beiden Früchten kaum jemand kennt, ist auch das schöne Wort P., das sich übrigens vom tamilischen Wort *bambolmas* herleitet, akut bedroht. Vgl. ➶ Kolonialwaren.

Pappenheimer

«Ich kenne meine P.» So lautet ein geflügeltes Wort, das meist unsichere Kantonisten (auch außerhalb der Schweiz) meint und bis heute beispielsweise von Lehrern für einschlägig bekannte Schüler verwendet wird. Die Herkunft des Wortes ist allerdings kaum mehr bekannt. Sie geht auf Gottfried Heinrich Graf zu Pappenheim (1594–1632) zurück. Der Adelsspross aus dem Ministerialgeschlechte derer zu Pappenheim war zur katholischen Glaubenslehre konvertiert und wurde als Befehlshaber eines Kürassierregiments bekannt. Zahlreiche Verwundungen, die er im Dreißigjährigen Krieg (1618–1648) erlitten hatte, brachten ihm den Kampfnamen Schrammhans ein (neudeutsch: *Scarface*). Ihm wird die Erstürmung und Zerstörung Magdeburgs 1631 zugeschrieben, als Feldmarschall brandschatzte er mit seinen Truppen westfälische Städte und eroberte Dortmund, er kämpfte für die Spanier gegen die Niederländer und marodierte selbst verbündete Städte. Berühmt wurden seine als P. berüchtigten Reiter, als der Generalissimus Albrecht Wenzel Eusebius von Waldstein (1583–1634), besser bekannt als Wallenstein, sie gegen die Schweden zu Hilfe rief. Bei Lützen wurde Pappenheim verwundet und starb an den Folgen in Leipzig. Das Hilfsgesuch Wallensteins an die P. ist als blutbeflecktes Dokument im Heeresgeschichtlichen Museum Wien erhalten.

Ins kollektive Gedächtnis aber schrieb der Dichter Friedrich Schiller die P., als er in seinem Gedicht «Wallensteins Tod» den General sprechen ließ: «Daran erkenn ich meine P.» Diese sicherten dem als Verräter gescholtenen Wallenstein zu: «So wollen wir dir beistehn und dich schützen/Bei deinem guten Rechte gegen jeden –/Und wenn die andern Regimenter alle/Sich von dir wenden, wollen wir allein/Dir treu sein, unser Leben für dich lassen./Denn das ist unsre Reiterpflicht, dass wir/Umkommen lieber, als dich sinken lassen.» Das Wort P. war erst irrtümlich für einen Helm im Gebrauch, der sich nach militärhistorischen Erkenntnissen durch eine «Glocke mit abstehendem Schirm, Ohrenklappen, großem geschientem Nackenschirm und verstellbarem Nasenschutz» auszeichnete. Bekannter wur-

Pappenheimer Kürassiere hoch zu Ross: Dritter und Vierter von links.

de das Wort P. für einen treuen Gefolgsmann, heute allerdings hat es seine Bedeutung ins Gegenteil verkehrt und steht eher für solche, die es mit ihren Reiterpflichten nicht allzu genau nehmen. Überdies hört man das Wort nur noch selten. Sei es, weil die blutigen Taten des Grafen zu Pappenheim heute in anderem Lichte erscheinen als zu Schillers Zeiten, sei es, weil kaum ein Schüler mehr Schillers Verse auswendig lernen muss.

Paradiesapfel Altes Wort für die rote, runde Frucht eines Nachtschattengewächses, in Teilen Österreichs auch Paradeiser genannt. Der P. oder auch Liebesapfel reift an einem krautigen Wildgewächs mit fiederschnittig gezackten Blättchen, das bereits Maya und Azteken kultivierten. Aus Mittel- und Südamerika importierte es 1498 Christoph Kolumbus (1451–1506), mit dessen Ei die Frucht jedoch nichts zu tun hat. Obwohl schon lange als Zierpflanze bekannt, wurde der P. in Deutschland erst nach 1925 zur Modefrucht und fand sich in vielerlei Rezepten. Das Kraut ist leicht giftig, verzehrt wird nur die rote, reife Frucht. Paradiesäpfel sind ausgesprochen verbreitet, in der Europäischen Union werden jährlich rund 15 000 Tonnen angebaut. Seitdem aber eine EU-Norm die Beschaffenheit des Paradiesapfels regelt, erklingt auch dieses Wort immer seltener. Kritiker halten dem EU-Gemüse vor, es wachse «ganzjährig auf Steinwollmatten unter Acrylglashimmeln zu farbiger Wässrigkeit heran» (zitiert nach dem Manufactum-Katalog). Seit dem EU-Beitritt Österreichs gerät auch das alte Wort Paradeiser allmählich in Vergessenheit.

Man sagt heute schlicht Tomate *(Solanum lycopersicum)*. Vgl. ➶ Tomoffel.

pardauz «Da fiel er – pardauz – die Treppe hinunter.» Richard Pekrun führt das Wort in seinem Nachschlagewerk «Das deutsche Wort» aus den 1930er Jahren auf das lautmalerische Bauz! zurück, einen «Ausruf zur Bezeichnung von plötzlichem Geräusch, Fall usw.». Insbesondere die Gattung der Bildgeschichte (neudeutsch *Comic*) führte hierfür neue Wörter ein, etwa «biff! bang! pow!» (Batman). Bekannt wurde auch eine Heftserie unter dem Titel «Zack!». Das alte p. wird ebenso selten verwendet wie die Ausrufe ➶ Sapperlot, Potzblitz oder Donnerlittchen.

Parvenü Wenn gesellschaftliche Territorien gegen den Zutritt von Unbefugten verteidigt werden sollen, bringt man den Dünkel in Anschlag. Im Dünkelhaften hat auch das Wort P. seinen Ursprung, das sich vom französischen Verb *parvenir* (zu etwas gelangen) herleitet. Als P. bezeichneten die eingeborenen Angehörigen der höheren Stände gerne den Emporkömmling. Eng verwandt mit der ebenfalls aussterbenden Gattung des Salonlöwen. Man erkannte ihn man an einer übertriebenen Neigung zu unbequemen Anziehsachen wie ➶ Angströhre, ➶ Vatermörder oder ➶ Galoschen.

Der Parvenü war vom Wunsch des Aufstiegs in bessere Kreise besessen und neigte zum übertriebenen oder unsachgemäßen Gebrauch von Statussymbolen: zu grelle

Farben bei der Wahl der Abendgarderobe oder zu lautes Auftreten an Orten des gedämpften Gesprächs. Seinen Aufstieg verdankt der P. meist schnell verdientem Geld, während der Besitzbürger sich eine lange Ahnenreihe von Vorfahren mit dicker Brieftasche zugute hält. Erst der vom britischen Schriftsteller Oscar Wilde (1854–1900) etablierte Typus des Dandys erhob übertriebene Eleganz zum Markenzeichen. Heute spricht man allenfalls noch von Neureichen. Doch auch dieser Kampfbegriff verliert an Bedeutung – spätestens seit sich selbst die alten Stände in der Kunst des stilvollen Verarmens üben.

Pauker

Er gibt nicht nur bei funktionaler Musik, beispielsweise auf Sklavengaleeren oder in Militärkapellen, den Marsch an. In der Schülersprache des 20. Jahrhunderts stand das Wort P. allgemein für einen Lehrer. Das Verb pauken (aus dem mittelhochdeutschen *puken* – für trommeln) wurde gerne für das Eintrichtern von Lerninhalten mittels stupender, mechanischer Wiederholungen verwendet. In der Studentensprache stand es für das Üben des Fechtens, wie es Studentenverbindungen bis heute praktizieren.

Der Paukboden ist in diesen Männerbünden traditionell der Fechtsaal, in dem mit dem Schläger (ein am Griff mit einem Korb versehener, gerader Säbel) das Schlagen bis zur Mensur (Hieb- bzw. Schnittverletzung des Gesichts des Gegners) geübt wird. Etliche Lehrer verwandten ihre Zeigestöcke noch bis weit ins 20. Jahrhundert hinein zu ähnlichen Zwecken als Disziplinarmaßnahme. Populär wurde das Wort P. durch einen Film, der am 2. Oktober 1958 uraufgeführt wurde. Der mit Kassenschlagern wie «Die drei von der Tankstelle» oder «Ich und meine Kaiserin» populär gewordene Schauspieler Heinz Rühmann (1902–1994) verkörpert darin einen Lehrer, der mit den außer Rand und Band geratenen Schülern seine liebe Not hatte. Mittlerweile allerdings ist das Wort bei ➶ Pennälern in etwa so aktuell wie die Schülermütze oder der ➶ Karzer. Lehrer verstehen sich glücklicherweise mehrheitlich nicht mehr als P., sondern wahrscheinlich schon als *Knowledge Coach, Personal Education Trainer* oder Wissens-Manager. Nur in Österreich und der Schweiz führen die Lehrer höherer Schulen noch den Titel Professor.

Pedell Dienstbote bzw. Diener (lateinisch *pedellus)*, beispielsweise zu Gericht oder der Hausmeister an einer Universität oder einem Gymnasium. Hatte oft die Schlüsselgewalt über den ➶ Karzer.

Pelerine Kurzer Umhang, der vor Regen schützt. Einer der bekanntesten Pelerinenträger war der Londoner Detektiv Sherlock Holmes. Wird heute noch von Lodenliebhabern und Landadel getragen, hört aber meist auf die fremdsprachlichen Namen *Cape* oder *Poncho*.

Pennäler Man kennt sie aus alten Schwarz-Weiß-Filmen vom Schlage «Die Feuerzangenbowle» oder «Krieg der Knöpfe»: Die Schülermütze keck in den Nacken geschoben, die Knie zerkratzt, Flausen im Kopf und eine Zwille in der Faust. Das Wort P. lebt heute allenfalls noch in rührseligen Erinnerungen älterer Semester der Sorte «Kreidestaub und Zuckerwerk» fort. Als P. bezeichnete man noch im 17. Jahrhundert einen Studenten im ersten Semester, im 19. und 20. Jahrhundert auch einen Schüler. Das Wort leitet sich wohl von der Büchse her, in der Schüler ihre Schreibfedern aufbewahrten (lateinisch *penna* – Feder).

Penne Nicht etwa ein italienisches Nudelgericht, sondern im Rotwelsch des 17. Jahrhunderts ein Wort für Herberge. In der Schülersprache des 20. Jahrhunderts war mit P. eine Schule gemeint. Vgl. auch ➶ Pennäler.

Penunzen Gaunersprachlich für Geld. Soll über Polen *(pienidze)* aus dem alten Rom *(pecunia)* eingewandert sein. Das Wort ist jedoch akut von der Abschiebung über die Oder-Neiße-Linie bedroht: wegen illegaler Zuwanderung aus einem sicheren Drittland und einschlägigem Aufenthalt im kriminellen Milieu. Vgl. auch ➶ Zaster.

Peterwagen Vor allem in Norddeutschland gebräuchliche Bezeichnung für ein Polizeifahrzeug. In Berlin auch Grüner August oder Grüne Minna. Vermutlich entstanden, weil die so genannten Funk- oder Radiostreifenwagen über drahtlose Kommunikation verfügten. In der Funkersprache war es üblich, den Buchstaben P (für Polizei) zu buchstabieren, indem man das Wort Peter benutzte. Wurde – bei Mannschaftswagen – von dem auf Demos entstandenen Wort Wanne abgelöst.

Pferdeoper Nicht etwa ein verschollenes Singspiel von Mozart oder Wagner, das sich dem Kutscherberuf oder der Galopprennbahn widmet, sondern eine noch in den 1950er Jahren gängige, leicht abfällige Bezeichnung für Filme, in denen sich nordamerikanische Viehtreiber mit breitkrempigen Hüten und blanken Handfeuerwaffen über die Prärie jagen. Diese Filme, von «Zorro» über «Land ohne Gesetz» bis «Rauchende Colts», wurden in der ersten Hälfte des 20. Jahrhunderts als Hauptursache für Verrohung und Sittenverfall der Jugend angesehen (vgl. auch ➶ Schmöker). In heutigen Filmtheatern tauchen sie nur noch selten auf, und wenn doch, dann nennt man sie auf gut Amerikanisch Western.

Pike Wollte man früher etwas werden (und wer will das heute nicht?), dann musste man sich als junger Mann der Frage aller Fragen stellen: «Haben Sie gedient?» Eine solche Anrede des Doktorvaters, künftigen Arbeitgebers oder Schwiegervaters in spe beantwortete man zackig, indem man die Hacken zusammenschlug, militärisch salutierte und unter Nennung von Dienstrang, Regiment und Waffengattung mit markiger, aber glockenheller Stimme ausrief: «Jawohl, Herr Oberkommerzienrat, zu Ihren Diensten!» Alsdann wurde man wohlwollend durch ein Monokel gemustert und den ausufernden Kriegserinnerungen des alten Herren ausgesetzt, die man ergebenst über sich ergehen ließ. Dies konnte der Beginn einer wundervollen Karriere sein.

Der Zivildienstleistende (Zivi), der seinen Ersatzdienst in aller Ruhe durchkifft hat, kann mit solchen Heldentaten nicht mehr renommieren. Das Wort Pike hat sich zwar in einer gänzlich zivilen Redewendung erhalten, seinen Ursprung aber eindeutig im Militär. Besonders Offiziere brüsteten sich damit, dass sie «von der Pike auf gedient», also das Kriegshandwerk im niedrigsten Rang begonnen und noch mit dem Spieß gedient hatten, bevor sie hoch zu Ross in höher geachtete Waffengattungen aufgestiegen waren. So wollte man sich von den Adelssprösslingen abgrenzen, denen Rang und Ehre aufgrund ihrer Abstammung in den Schoß gelegt wurden. Die Zivilgesellschaft hat das Wort demilitarisiert, indem sie es kurzerhand auf jedes Handwerk anwendet, z. B.: «Ich habe das Bäckerhandwerk von der Pike auf gelernt.» Auch wenn kaum ein Bäcker jemals eine Pike in der Hand halten musste.

piesacken

Dieses Verb beschreibt die Kunst des vorsätzlichen Nervtötens bzw. der angewandten Belästigung. Obwohl diese Tätigkeit insbesondere in Großraumbüros, im Familienkreis und in der Schule noch immer von vielen beherrscht wird, hat das Wort heute verniedlichende Wirkung. Früher war der Vorgang des P.s weit drastischer. Man geht davon aus, dass es vom norddeutschen Wort *Pesel* (für Ochsenziemer) abgeleitet ist. *Pisakken* bedeutete, jemanden mit einer Bullenpeitsche traktieren – eine Behandlung, die heute als Disziplinarmaßnahme unzulässig ist und allenfalls noch in Spezialistenkreisen als freiwillige Kulturpraxis unter Ausschluss der öffentlichen Moral gepflegt wird. Im 18. Jahrhundert geriet das Wort vom Agrardeutsch in die Literatursprache und verlor seitdem allmählich, aber stetig an Bedeutung.

Problembär

Im Sommer des Jahres 2006 unterschied der bayerische Ministerpräsident anlässlich einer Pressekonferenz zwischen dem Problembären und dem so genannten Normalbären: «Der lebt im Wald, geht niemals raus und reißt vielleicht ein bis zwei Schafe im Jahr.» Anders als dieser seien Schad- bzw. Problembären jedoch «ein ernsthaftes Problem». Was war geschehen? Im Mai 2006 war ein Braunbär von Südtirol nach Vorarlberg gewandert und hatte schließlich die grüne Grenze nach Oberbayern überschritten. Das zwei Meter große, rund 100 Kilo schwere Tier trieb dort allerlei ➶ Schabernack. So naschte es fremden Honig direkt vom Bienenstock. Weiterhin riss der Bär etliche Schafe und Ziegen, sogar Hasenställe und Meerschweinchenkäfige waren vor ihm nicht sicher.

Am 9. Juni fand man im Bezirk Imst einen enthaupteten Wildhasen, im Bezirk Schwaz wurde der Bär eine Woche später verdächtigt, einen Weidezaun niedergerissen zu haben. Verstörte Kühe irrten brüllend über die Alm. Das Wildbad Kreuth beklagte am 19. Juni zwei gerissene Schafe. Mehrere Spaziergänger, ein Mountainbiker und einige Wanderer sichteten den Bären, der bereits unter dem

Schreckenstitel Untier firmierte. Dann gelang im Zivilbereich, was die Jäger nicht schafften: Jemand schoss auf den Bären – allerdings nur mit der Kamera. Der DNA-Test an Fellresten ergab, dass der Bär von slowenischen Eltern abstammt und in einem Reservat in Trient geboren wurde, wo er eines Tages entwich. Deutsche Medien nannten ihn Bruno (2004 bis 26. 6. 2006), im Allgäu taufte man ihn Beppo, und die «Vorarlberger Nachrichten» vereinnahmten das Tier als Vorarlbär. Tatsächlich hieß er offiziell JJ1, weil er der erstgeborene Sohn von Bäreneltern war, deren Namen mit dem Initial J beginnen. Das bayerische Umweltministerium stufte das Verhalten des Flüchtigen wörtlich als «abnormal» ein und erteilte eine Abschussgenehmigung, was Naturschützer und Tierfreunde heftig kritisierten. Es begann eine Art Rasterfahndung, bei der nicht nur neueste technische Errungenschaften, sondern auch eigens abgerichtete karelische Bärenhunde zum Einsatz kamen.

Die Kosten der Jagd wurden mit mehr als 100 000 Euro beziffert. Die eingeflogenen finnischen Bärenjäger scheiterten jedoch zunächst an behördlichen Problemen, da zu prüfen war, ob Finnen in den Alpen von der Schusswaffe Gebrauch machen dürfen. Sodann weigerten sich Waldpächter, die Waidmänner passieren zu lassen, und schließlich machte den Skandinaviern – Tier und Mensch – die ungewohnte Hitze sowie das steile Gelände so zu schaffen, dass sie die Jagd mehrfach abbrechen mussten. Auch die von Naturschützern aufgestellte amerikanische Röhrenfalle (25 000 Euro), in die der P. lebend gehen sollte, interessierte diesen wenig. In der Nacht zum 16. Juni stellten Jäger das Tier in der Nähe des bayerischen Ortes Lenggries und näherten sich ihm bis auf 600 Meter (das Spezial-Betäubungsgewehr verfügt über eine ballistische Reichweite von 80 Metern). Ein Unwetter zwang die Jäger in unübersichtlichem Gelände zum Abbruch, und Stunden später fehlte vom Problembären jede Spur – mit Ausnahme eines halbverspeisten Schafes. Ein Bärenhalter aus Hannover bot seine brünftige Bärin Nora (13) zu Lockzwecken an, der P. galt jedoch als nicht paarungsbereit.

Am 26. Juni, Bruno war von mehreren Spaziergängern und Alpinisten beim Wandern beobachtet worden, schossen drei Jäger. Die tödlichen Kugeln trafen Bruno unterhalb der Rotwand im Spitzingseegebiet. Nach dem unrühmlichen Ende des Problembären kritisierten Naturschützer die bayerischen Behörden: In vielen Ländern lebten Bär und Mensch, also Tier und Bestie, friedlich zusammen, nur in Deutschland werde gleich der erste Bär liquidiert. Die Besonderheit des Problembären lag tatsächlich darin, dass mit ihm ein Tier zurückgekehrt war, das ursprünglich einmal in unseren Breiten heimisch war, hier seit rund 160 Jahren aber nicht mehr gesehen ward. Die so genannten Sohlengänger hatten bereits die Römer gejagt und in Kampfarenen getötet, später dressierte man die Säugetiere als Tanzbären und Zirkusattraktion. Als heraldisches Motiv zieren sie zahlreiche Wappen und tauchen oft in Mythologie und Märchen auf. Schon in vergangenen Jahrhunderten galten sie als Problem, weil man sie nicht nur als Raubtiere fürchtete, sondern auch als so genannte Nahrungskonkurrenten einstufte – ebenso wie Bruno. Nur gab es das Wort P. noch nicht, da Raubtiere, denen man in freier Wildbahn begegnete, grundsätzlich als Problem galten.

Somit ist eine der jüngsten Wortschöpfungen schon kurz nach ihrer Geburt als bedroht einzustufen. Vater des Wortes ist übrigens nicht, wie oft falsch vermutet wird, der bayerische Wortakrobat Edmund Stoiber. Der P. brachte es in Österreich schon 1994 zum «Wort des Jahres», damals ging es noch um einen männlichen Braunbären namens Nurmi, benannt nach einem finnischen Langstreckenläufer, berüchtigt als «der Lustmörder». Mit dem Abschuss (Kritiker sprechen von Mord) von JJ1 alias Bruno bzw. Beppo dürfte sich auch das P-Wort vorerst erledigt haben. Denn Problemwörter werden in Deutschland ganz schnell abgeknallt.

Proletarier Wort, das aus der Antike stammt, aber erst im 19. Jahrhundert Begriffsgeschichte schrieb. Der *proletarius* (lateinisch) war im alten Rom ein Vertreter der untersten, fast rechtlosen gesellschaftlichen Schicht, im 5. Jahrhundert vor Christi hieß so die so genannte sechste Klasse der Besitzlosen und Unbewaffneten. Ein ähnliches Phänomen beobachtete man im Zuge der Industrialisierung im 19. Jahrhundert abermals. So heißt es in der 1773 bis 1858 erstellten Oeconomischen Enzyclopädie von Johann Georg Krünitz (1728–1796): «Proletarius hieß in Rom einer aus der ärmsten Volksklasse, dessen Kinder, weil er selbst dem Staate sehr wenig einbrachte, im Nothfalle dienen mußten. Die Franzosen haben dieses Wort übertragen, und verstehen unter *proletaire* einen Bürger, welcher kein Eigenthum besitzt, und daher in den öffentlichen Versammlungen keine active Stimme hat.»

Seit dem Spätmittelalter sprach man bereits vom Pöbel. Der Sprichwörtersammler Sebastian Franck (1499–1542) attestierte diesem in seinem «Traktat vom Pöbel» schon 1535 die Neigung zu Aufruhr und Rottierung. Auch Immanuel Kant (1724–1804) ließ sich nicht lumpen und wetterte 1789: «Der Teil des Volkes, der sich von diesen Gesetzen ausnimmt (die wilde Menge in diesem Volk), heißt Pöbel (vulgus), dessen gesetzwidrige Vereinigung das Rotieren *(agre per turbas)* ist; ein Verhalten, welches ihn von der Qualität eines Staatsbürgers ausschließt.»

Erst gegen Anfang des 19. Jahrhunderts ging das Wortgespenst P. um in Europa, zunächst in Frankreich. Der ebenfalls aus Frankreich stammende und im 17. und 18. Jahrhundert in deutsche Wörterbücher aufgenommene Pöbel *(poble, peuble)* hatte damit ein Nachfolgewort gefunden. «Der Einbruch des Wortes ‹Proletarier› um 1835 und seine rasche Zunahme in einer Flut wissenschaftlicher und publizistischer Äußerungen bis zum ersten Höhepunkt von 1848 waren freilich mehr als nur neumodischer, d.h. überflüssiger, ersetzbarer Sprachaufputz. Das neue Wort bezeichnete vielmehr ein schlagartig ins Bewusstsein tretendes, neuartiges soziales Phänomen, das durch das alte Wort ‹Pöbel› nicht mehr gedeckt werden konnte», betont Werner Conze (1910–1986) in seinem ➶ Allbuch «Geschichtliche Grundbegriffe». Schuld am Entstehen des «hoffnungslosen Standes» war damals das schnelle Wachstum, das allzu viele vom Gewinn ausschloss. Weiterhin unterschied man das Sub-Proletariat sowie das so genannte Lumpenproletariat, also die sozial am wenigsten privilegierte Unterschicht.

Der Sozialhistoriker Jürgen Kocka betont in seinem

Klassiker «Lohnarbeit und Klassenbildung»: «Je klarer und eindeutiger eine Kategorie von Unterschichtenangehörigen zu Lohnarbeitern wurde, desto wahrscheinlicher war es, dass sie auch Teil der Arbeiterklasse im Sinne einer sozialen Klasse bzw. Klassenbewegung wurden.» Der Wirtschaftstheoretiker Karl Marx (1818–1883) hingegen hatte den P. zur zentralen Figur seiner Version einer besseren Welt erklärt. Noch im «Kleinen Politischen Wörterbuch der DDR» von 1967 steht unter dem Stichwort «Arbeiterklasse»: «Wichtigster Teil der Volksmassen, eine der beiden Grundklassen der kapitalistischen Gesellschaft, Schöpfer der sozialistischen Gesellschaft. [...] Als Nichteigentümer von Produktionsmitteln müssen die Lohnarbeiter im Kapitalismus dem Eigentümer der Produktionsmittel, dem Kapitalisten, ihre Arbeitskraft verkaufen.» Der Marx'schen Lehre zufolge ist der Proletarier dennoch der Totengräber des Kapitalismus, weil sein Kampf zum Sieg und zur schöpferischen Neuordnung der Gesellschaft führe. Die Geschichte verlief etwas anders. Aus dem Sprachgebrauch ist der P. daher inzwischen fast gänzlich verschwunden. Es hält sich lediglich die abwertend gemeinte Kurzform Prolet, noch kürzer: Proll oder Prolo.

Vom Klassenbewusstsein ist in dieser Bevölkerungsgruppe, die man an einem Bier in der Hand und ballonseidener Freizeitbekleidung (oder der ➶ Mantalette) erkennt, nichts mehr übrig. Wie reimte schon Bertolt Brecht (1898–1956)? «Und weil der Prolet ein Prolet ist, d'rum wird ihn auch kein anderer befrei'n. Es kann die Befreiung der Arbeiter nur das Werk der Arbeiter sein.» Doch dazu kam es bekanntlich nicht, und schließlich ist nicht nur der Arbeiter in der Dienstleistungsgesellschaft auf dem Rückzug, auch das Wort Arbeit selbst blickt als Mehrheitsmodell einer unsicheren Zukunft entgegen.

Proletarierkrankheit Der Arzt Ingnaz Zadek (1858–1931) machte dieses alte Wort mit seinem gleichnamigen Buch (1911) bekannt: «Wer kennt nicht den Ausdruck Proletarierkrankheit, diesen volkstümlichen Namen der Schwindsucht, der Brustkrankheit, die Jahr für Jahr Hunderttausende von Proletariern in der Blüte des Lebens dahinrafft! Freilich nicht bloß Proletarier, auch in den Kreisen der Besitzenden bis hinauf in ‹hohe und höchste› Kreise sucht und findet die Krankheit ihre Opfer, aber doch ist die Bezeichnung so treffend, weil so unverhältnismäßig mehr Besitzlose daran erkranken und sterben. Die Schwindsucht kennt die Klassenunterschiede, sie ist eine soziale Krankheit, die Krankheit der Armen.»

Gemeint war damit eine Lungenerkrankung, die sich aufgrund der dichten Besiedelung vor allem in den ➶ Mietskasernen der Armen verbreitete. Zadek hatte eine eigene Behandlungsmethode: «Ein jedes Land bekämpft die Tuberkulose nach seiner Art, Deutschland mit Sanatorien, England mit Beefsteaks und Tennis; ich ziehe die englische Methode vor, sie ist angenehmer und wirksamer. Beefsteak und Tennis, was ist das anderes als Erhöhung der Löhne zur Aufbesserung der Lebenshaltung und Verringerung der Arbeitszeit, um Zeit zu gewinnen für Erholung, für Spiel und Sport im Freien! Die Gewerkschaftsbewegung und der Kampf gegen die Schwindsucht haben das gleiche Ziel.»

Erfolgreicher noch als Beefsteak und Tennis war die Entdeckung des *Mycobacterium tuberculosis complex* durch Robert Koch (1843–1910) am 24. März 1882, auch Morbus Koch (umgangssprachlich auch «die Motten») genannt, bekannter ist die Bezeichnung Tuberkulose. Weltweit immer noch eine der verheerendsten Infektionskrankheiten, in Deutschland sterben rund 500 Menschen im Jahr an ihr.

Provotarier Dieses aus Provokateur und ➚ Proletarier gebildete Neuwort wurde im Jahr 1966 in der liberalen Wochenzeitung «Die Zeit» gesichtet und in Alfred Herberths Neologismensammlung «Neue Wörter» von 1977 erstmals lexikographisch erfasst. Der Prolet siecht in der Mittelstandsgesellschaft seinem sicheren Ende entgegen. Und womit sollte man heute noch provozieren?

Putzgruppe Bis ins Jahr 2000 verstand man unter einer P. eine Kolonne so genannter Fußbodenkosmetiker, vielleicht auch fein herausgeputzter Parvenüs. Im Gerichtsprozess gegen den Terroristen Hans-Joachim Klein wurde jedoch eine andere Bedeutung bekannt. Als P. (P. U. T. Z.: «Proletarische Union für Terror und Zerstörung») hatten sich in den frühen 1970ern mehrere junge Männer aus Frankfurt bezeichnet, die im Wald mit Helmen und Knüppeln den Kampf gegen die Polizei übten, um auf diese Weise den Straßenkampf gegen die Ordnungsmacht bei Demonstrationen vorzubereiten. Nach ihren Geländespielen im Stadtforst hatten etliche Putzgruppenmitglieder den langen Marsch durch die Institutionen angetreten und kamen in mehr oder weniger geachteten Positionen an, z.B. als Kneipenwirt, Varieté-Direktor, Kabarettist, UN-Beauftragter und Außenminister.

Namentlich der zeitweilige Minister und Grünen-Politiker Josef «El Commandante» Fischer geriet durch das Wort plötzlich in Bedrängnis, zumal seine Wehrsportgruppe auch durch das Werfen von Molotow-Cocktails hervorgetreten sein soll. Der allseits beliebte Politiker überstand den vermeintlichen Skandal jedoch schadlos. Plötzlich überboten sich Politiker aller Parteien mit wilden Anekdoten aus ihrer Jugend und prahlten damit, dass sie auch mal Punk gewesen seien oder schon einmal mit dem Fußball eine Scheibe zerschossen hätten. Und schließlich: Wer hätte nicht in seiner Jugend im Wald «Räuber und Gendarm» gespielt? Allerdings war man da meist sehr viel jünger, und die Schwerter waren aus Pappe oder Plastik. So hat eine jede Zeit ihre Kinderspiele, und manchmal kommt immerhin ein bemerkenswertes Wort dabei heraus, das Zeitgeschichte schreibt.

Putzmacherin Ein Wort, das auf die rote Liste der bedrohten Berufe gehört. Heute heißt die Hutmacherin Modistin. Als Putzmacherinnen arbeiteten früher oft ➶ Grisetten. Aber mit dem Aussterben von ➶ Angströhren und ➶ Kapotten ist auch sie selten geworden, denn wer bekleidet heute noch sein Haupt auf elegante Weise? (Anglermützen und so genannte *Basecaps* mal außen vor gelassen.)

Q

Quietschpappe Im Volksmund der DDR für den Werkstoff Schaumpolystyrol, der durch Polymerisation hergestellt wird (in der Schweiz auch als Sagex bekannt). Kommt in der Wärmedämmung, der Elektrotechnik sowie in der Verpackungsindustrie zum Einsatz. In der Bundesrepublik Deutschland ließ sich die Badische Anilin- und Sodafabrik (BASF) das Wort Styropor® schützen, seit den 1990er Jahren wacht der Industrieverband Hartschaum (IVH) über die Rechte. Das Wort Q. hingegen darf noch ungeschützt zu sprachlichen Dicht- und Dämmzwecken gebraucht werden. Allerdings besteht für den Nutzer das Risiko, von seiner Umwelt als undicht wahrgenommen zu werden – wenn nicht sogar als Schaumschläger.

R

Rabauke Übles Wort, das den Etymologen zufolge einem Landstreicher, Lumpenkerl, Lüstling oder Hurenjäger galt. Die Eltern des Rabauken sind die Wörter *rabauw* (Schurke, Strolch) und das altkölnische Wort *rebalt* (Schauermann, Stallknecht). Weiterhin stand das mittelhochdeutsche *rīben* Pate, das reiben bedeutete, aber auch brünstig sein und sich begatten (die *rībe* war im Mittelalter eine Hure). Um 1900 verbreitete sich das Scheltwort vom Niederrhein in alle deutschen Provinzen. Weil man irgendwann vergaß, was alles in diesem Wörtchen steckt, wurde es vollkommen zu Unrecht vergessen und gegen neue Modeschimpfwörter ausgetauscht. Dabei hätte man auch heute noch genug Verwendung dafür, denn an ➶ Spitzbuben und Rabauken herrscht kein Mangel.

Ratzefummel Jugendsprachliches Modewort für einen Radiergummi. Die Herkunft liegt im Dunkeln, da ratzen für schlafen verwendet wurde und das Verb fummeln auch nichts mit Schularbeiten zu tun hat – eher im Gegenteil. Die Zeitschrift «Bravo» ist daran schuld, dass der Fachbegriff *petting* auch auf deutschen Schulhöfen das alte Wort fummeln verdrängte. Aber das hat mit der (noch ungeschriebenen) Kulturgeschichte des Radiergummis eher wenig gemein und führt vom Thema weg.

Rauchwerk Hat mit Zigarrenrauch und Tabaksqualm nichts zu tun. Gottfried Keller (1819–1890) schrieb 1854 in seinem Roman «Der grüne Heinrich» über eine Dame, sie habe «die entblößten Schultern mit köstlichem Rauchwerk eingerahmt». Die Schöne hatte ihr Dekolleté nicht etwa mit Zigaretten dekoriert. Sondern mit einem Pelzkragen.

Das Wort R. stammt aus der Kürschnerei und ist seit dem 16. Jahrhundert für «feines Pelzwerk» üblich. So wunderte sich die Frankfurter Zeitung 1908 über die plötzliche Beliebtheit von Stinktieren in der Pariser Modewelt mit den Worten: «Skunk-, das rauhaarige, etwas unansehnliche Rauchwerk, sieht sich unerwartet zum Modehelden erhoben. Zu Toques- und zu Rändern von Schleppen wird vornehmlich dieser Pelz verarbeitet.» Das Adjektiv rauch bedeutete so viel wie behaart, zottelig (oder auch bewaldet, daher z.B. «raue Alb») und ist mit dem noch üblichen Adjektiv rau verwandt.

Rauschgift Schwarzer Afghane, roter Libanese, *brown sugar* oder *purple hearts*: In den 70er Jahren des 20. Jahrhunderts warnten Plakate eindringlich vor Substanzen, die klar gegen das Betäubungsmittelgesetz verstießen. Aufklärung sollte vor Sucht schützen, und so sahen diese Poster aus wie Steckbriefe, nur dass keine bärtigen und langhaarigen Terroristenköpfe darauf zu sehen waren, sondern armselige Häufchen pulvriger oder klebriger Substanzen. Um die Kinder dieser Zeit vor dem Bahnhof Zoo zu bewahren, warnte man vor dem Missbrauch von R.

Vielleicht weil die Zahlen der R.-Toten weiter stiegen oder man den Glauben an die Abschreckung verlor (tatsächlich erregten die äußerst informativen Fotos eher eine schaurige Faszination), verschwanden die Plakate bald wieder von den öffentlichen Wänden. Heutzutage spricht denn auch kein Mensch mehr von R. Für die aus Nutzpflanzen wie Hanf, Schlafmohn oder Kokabusch hergestellten Präparate hat sich das aus dem Französischen eingedeutschte Wort Droge (von *drogue bzw. drôgevate*, ursprünglich für trockene Fässer, sodann auch für deren Inhalt) eingebürgert, mit dem man seit 1600 Chemikalien, Kosmetika und Medikamente bezeichnet. Dieses Fremdwort wird von Mahnern und Warnern heute ebenso selbstverständlich gebraucht wie von den Konsumenten. Rauschgiftabhängige nennt man umgangssprachlich auch Drogisten – nicht unbedingt zur Freude des gleichnamigen Berufsstandes kreuzbraver Cremeverkäufer.

Rennpappe

Das von den VEB Sachsenring Automobilwerken 1957 vorgestellte Gefährt war eine Sensation. Als ostdeutscher Volkswagen sollte der Prototyp «P 50» massenweise über ostdeutsche Straßen rollen. Besonderheit: Die Karosserie bestand nicht aus Blech und Chrom, sondern hauptsächlich aus dem Duroplast, einem aus ➶ Hadern und Phenolharz gepressten Werkstoff. Ein mit größerer Sitzbank weiterentwickeltes Modell «Trabant 500» ebnete 1959 den Weg zum Erfolg. Weitere Typen folgten, und mit den Jahrzehnten rollten mehr als 3 Millionen Exemplare vom Band. Obwohl das liebevoll «Trabbi» genannte Auto mit Gesicht technisch kaum weiterentwickelt wurde, war es ein unverzichtbares Statussymbol in der DDR. Die Wartezeiten betrugen Jahre, wer einen hatte, hegte und pflegte ihn. Besonders der ostdeutsche Wortschatz wurde durch den Golf des Ostens bereichert. Die Spott- oder Kosenamen waren Legion. Gehhilfe, westsächsischer Lumpenpressling, überdachte Zündkerze, Asphaltblase, Arbeiter- und Bauernmercedes, Zwickauer Hangziege oder Duroplastbomber. Am bekanntesten wurde das Wort R. Mittlerweile ist der Bestand der Trabanten stark dezimiert, nach 1990 verendeten einstmalige Prachtexemplare jämmerlich am Straßenrand und fanden den Weg auf den Grund so mancher Kiesgrube. Der charakteristische Geruch des Zweitaktgemischs ist ebenso aus der ostdeutschen Landschaft verschwunden wie das Aroma der Kohleöfen. Gut erhaltene Automobile sind jedoch mittlerweile gesuchte Sammlerstücke. Dies gilt auch für das Wort R.

Rentner

Noch im 20. Jahrhundert eine ganz selbstverständliche Bezeichnung für alte Menschen. Ältere Begriffe wie den Greis hatte der Jugendkult ausgemustert und durch Fremdwörter wie den Senior ersetzt, der allerdings fast nur im Plural verwendet wird (auf Visitenkarten mittelständischer Familienunternehmen auch im Singular). Die Ehrerbietung für den in Würde gealterten Patriarchen, von Enkeln und Urenkelkindern ehrfürchtig liebevoll umsorgt, hat sich ohnehin erledigt, wo die Abschiebung ins Heim der Regelfall ist. Bislang ging man ganz selbstverständlich davon aus, dass ältere Menschen ihre dritten Zähne ebenso wie das tägliche Glas Doppelherz auf Eis aus dem regelmäßigen Bezug einer staatlichen Pension bezogen: der Rente.

Der Sozialhistoriker Christoph Conrad spricht in seinem Standardwerk zum Strukturwandel des Alters «Vom Greis zum Rentner» denn auch von einer Versorgungsklasse: «Ihr Name verweist noch auf den Kapitalrentner, den Rentier, also zurück auf das bürgerliche, auf Eigentum gegründete Bild des Ruhestandes.» Und genau damit dürfte bald Schluss sein. Die Beteuerungen, denen zufolge die staatlich garantierte Rente «sicher» ist, glaubt mittlerweile kein Mensch mehr. Das Wort R. dürfte sich damit auch bald erledigt haben. Denn wenn sich die Finanzierung des letzten Lebensdrittels mit Bezügen aus dem Sparstrumpf unter der Matratze, dem Verscheuern des Familiensilbers oder aus privaten Versicherungen speist, dann wird man auch das Wort R. in Pension schicken. Vielleicht etabliert sich an seiner Stelle wieder das alte Wort Privatier.

Rohling

«Pfui Spinne, Sie Rohling!» Mit einem derart empörten Ausruf musste bis vor wenigen Jahrzehnten noch rechnen, wer sich beispielsweise auf allzu ungestüme Art und Weise einer Dame näherte. Dem Sprachbeobachter Max Goldt verdanken wir die Einsicht, dass dieses Wort eine ungeahnte Renaissance erfuhr, allerdings in gänzlich anderer Bedeutung: Als scheibenförmiger, unformatierter Datenträger für eine Rechenmaschine (neudeutsch: *Computer*). In Kombination mit dem ebenso archaischen Wort Spindel ist das alte Wort Goldt zufolge eine Zweckehe eingegangen, die angenehm aus dem Techno-Englisch neuer

Produktkataloge herausragt: Eine Rohlingspindel ist nicht etwa ein Handwerksgerät, an dem sich grobe Menschen ohne Manieren stechen können wie einst Dornröschen im Schnee. Sondern nur eine gänzlich profane Aufbewahrungsmöglichkeit für scheibenförmige Datenträger.

Rüpel «So ein R.!» Ein Ruf, der noch im 20. Jahrhundert auf den Boulevards erklang, wenn einer Dame die Tür etwa einer Konditorei nicht aufgehalten, sondern vor der Nase zugeschlagen wurde. Heute hat man sich an derlei legeres Verhalten gewöhnt, auch wäre das Wort R. kaum mehr eine adäquate Antwort auf eine grobe Unhöflichkeit. Schon im 16. Jahrhundert war das Wort bekannt. Man leitete es aus der Kurzform von Ruprecht ab (der oft als finsterer Knecht beschrieben wurde). Auch gab es im Schauspiel die so genannte Rüpelfigur, eine komische Person, die als ➶ Schelm auftrat. Die umgangssprachliche Verwendung war jedoch eindeutig: Ein R. ist ein ungehobelter Mensch mit schlechten Manieren und tollpatschigem bis aggressivem Auftreten. Man sollte ihn großräumig umgehen.

S

Sapperlot Ausruf des Erstaunens bzw. der Verwünschung. Geht auf das schon fast verschwundene Wörtchen sacker zurück, das vom französischen *sacré* (heilig) hergeleitet wurde. Gehört daher streng genommen in die Gruppe gotteslästerlicher Flüche. Flüche, die auf die heiligen Sakramente rekurrieren (Sakra!, Sakrament!), haben sich im Wirtshausdeutsch ländlich-katholischer Regionen noch erhalten, sterben aber auch dort allmählich aus und werden nur noch im Kasperltheater am Leben gehalten.

Schabernack Das altmodische Wort für einen Unfug stammt entweder von einem mittelalterlichen Winterhut her, der auf lästige Weise den Nacken schabte (so eine etymologische Deutung), doch ist aus gleicher Zeit auch ein mittelrheinisches Weingut gleichen Namens bekannt. Synonym wurden auch die bedrohten Wörter Aberwitz, Fuppes, Schnibbes, Kappes oder Kladderadatsch verwendet. Im Neudeutschen stirbt das Wort allmählich aus – auch wenn keinesfalls weniger S. getrieben wird als früher auch schon. Nur nennt man ihn heute lieber *Nonsens*.

Schalk Wer ihn im Nacken sitzen hat, der hat es oft auch faustdick hinter den Ohren. Diese Vorstellung geht auf den Volksglauben an winzige Dämonen zurück, die früher die Menschen befielen und ➶ Schabernack mit den Ahnungslosen trieben. Die Maßeinheiten faustdick, daumendick und fingerdick bezeichnen oft die Größe jener Wichte. Zeitweise war der S. ein schlimmerer Finger als der ➶ Schelm. Sprachkundigen zufolge entstand er aus dem mittellateinischen Wort *scalius* (barfuß). Leibeigene mussten barfuß durchs Leben laufen, während ihre Herren auf großem Fuße lebten.

Scharmützel Kleineres Gefecht, das oftmals von einzelnen Truppenteilen im Hinterland im Kampf Mann gegen Mann, etwa mit der ➶ Fuchtel, ausgetragen wird. Unter militärischen Gesichtspunkten keine große Sache, doch merke: Schon manches kleines S. führte in einen großen Krieg hinein. (Aus dem Italienischen: *scaramuccio.)* Vgl. ➶ Hader, ➶ Zwist.

Schelm Weniger ein Tunichtgut, als eher ein Schäker. Dennoch galt das Wort S. bis ins 17. Jahrhundert als Verbalinjurie: Seine Anwendung auf Personen war strafbar. Ein alter deutscher Rechtsbrauch war die so genannte Schelmenschelte, eine Formel zur Bekräftigung von Verträgen: «Man soll mich einen S. heißen, wenn ich den Vertrag nicht erfülle.» Dies geht zurück auf die Sitte, treulose oder meineidige Zeitgenossen öffentlich mit Steckbriefen zu kennzeichnen bzw. verächtlich zu machen. Wer sich hingegen vertragstreu verhielt, der galt als unbescholten –

ein Wort, das auf den S. zurückgeht und sich bis heute erhalten hat.

Soldaten, die man zu unehrenhaften Schelmen erklärte, wurden noch im 17. Jahrhundert zwei Finger abgehackt. Sie konnten nur schwer die Ehrbarkeit wieder erlangen. Womöglich galt ihnen die Bezeichnung «ein armer S.». Laut dem Wörterbuch der Brüder Grimm wurde der S. zur Bezeichnung eines Tierkadavers, auch einer ansteckenden Krankheit verwendet. Später auch für einen ➶ Spitzbuben. «Salbe den S. so sticht er dich, stich den S. so salbt er dich», heißt eine alte Weisheit. «Ein S. gibt mehr, als er hat», schrieb Theodor Fontane (1819–1898) im «Stechlin» (1889), und Goethe empfahl: «Auf groben Klotz ein grober Keil, auf Schelme anderthalbe.» Das ehrverletzende Schimpfwort wurde schließlich abgemildert zur Kennzeichnung einer Frohnatur.

Im Althochdeutschen war *skelmo* ein dem Tode Würdiger, später nannte man auch den Abdecker und den Henker einen S. Bekannt wurde die von Karl Simrock (1802–1876) und Heinrich Heine (1797–1856) bedichtete Geschichte des «S. von Bergen»: Ein Scharfrichter schlich sich maskiert auf ein Kostümfest und tanzte mit der Königin. Als er entlarvt wird, ist die Ehre der Monarchin befleckt. Der weise König schlägt den Geächteten kurzerhand zum Ritter «Schelm von Bergen» und rettet so die Ehre der Königin. Aus der deutschen Geistesgeschichte ist er ebenso wenig wegzudenken wie der Taugenichts, der ➶ Schalk oder der Narr. Der Schelmenroman ist spätestens seit dem Eulenspiegel eine beliebte Gattung und wird auch im Versagerroman von heute gerne reanimiert. Als ehrverletzendes Wort taugt der

S. allerdings ebenso wenig wie zur Brandmarkung abweichender Sitten. Vermutlich, weil es – allen Ratgebern zum Trotz – keinerlei Konsens mehr darüber gibt, wie ein tugendhafter Mensch denn heute eigentlich leben soll. *Honni soit, qui mal y pense.* (Ein Schelm, wer Böses dabei denkt.)

Schlachtenbummler

Die frühesten Zeugnisse stammen aus der Antike. Schon der römische Historiker und Redner Tacitus (um 55–115 n.Chr., genannt «der Schweigsame») sorgte sich um die Sicherheit während der Spiele. In Olympia mussten eigens abgestellte Stock- und Peitschenträger mit der Lizenz zum Zuschlagen die entgrenzten Massen in Schach halten. Auch bei Fackelläufen und Wettkämpfen hatten römische Beamte Sicherheitskräfte in genau festgelegten Abständen postiert, um jeden Aufruhr oder Tumult im Keim zu ersticken. Im Stadion von Delphi etwa verbot die Heiligtumverwaltung die Mitnahme und den Ausschank von Wein innerhalb der Stadionmauern und verhängte Geldstrafen bei Missachtung des Alkoholverbots. Auch bei Wettkämpfen des Mittelalters kam es bei sportlichen Turnieren immer wieder zu Ausschreitungen. In neuerer Zeit ist der Begriff des Schlachtenbummlers allerdings untrennbar mit dem Ballspiel verbunden. Schon im England des 19. Jahrhunderts sorgte man sich Fußballhistorikern zufolge um unkontrollierbare Fans.

In Deutschand bat der Fußballverein SV Werder Bremen die Polizei im Jahre 1908 um Hilfe: «Der Grund unseres Gesuches ist unsere Schutzlosigkeit gegenüber dem pöbelhaften und auch schädigenden Benehmen ganzer Truppen halbwüchsiger und auch älterer Burschen», heißt es in dem überlieferten Schreiben. Und 1931 warnte ein Sozialdemokrat vor einer regelrechten Psychose: «Massensport, das heißt heute: 22 spielen Fußball, Tausende und Zehntausende sehen zu. Sie stehen um das Spielfeld herum, kritisieren, johlen, pfeifen, [...] reißen den Schiedsrichter herunter, fanatisieren sich, spielen innerlich mit [...] Sie verfallen der Fußballpsychose und sie benehmen sich auf dem Sportplatz, als hinge nicht nur ihr eigenes Wohl und Wehe, sondern das Wohl und Wehe der ganzen Welt von dem Ausgang dieses lumpigen Fußballspiels ab.»

In den 30er Jahren berichtete die «Niedersächsische Tageszeitung» über die ersten großen Ausschreitungen auf dem Spielfeld, bei denen es «nicht ganz ohne Püffe und blaue Flecke abgegangen» sei. Nach einer handgreiflichen Auseinandersetzung zwischen zwei Spielern hatten Tausende, darunter auch etliche SA-Männer, das Spielfeld gestürmt und die Bremer Gastmannschaft traktiert – eine Episode, aus der eine herzliche Fußballfeindschaft entstand, die Hannover und Bremen bis ins 21. Jahrhundert hinein verbindet. Ballsporthistorikern zufolge wurde der gesellschaftliche Aufstieg des Fußballs entscheidend vom Militär begünstigt, das den Rasenkampf aktiv unterstützte. So ist auch das Vokabular des Fußballers weitgehend kriegerisch: Abwehr, Schuss, Flanke, Granate, Bombe und Angriff.

Die Mannschaften trafen sich zu Schlachten, und hier hat das Wort S. seinen Ursprung. Unter Schlachtgesängen und Schlachtrufen zogen die Anhänger der Vereine zu den

➶ Scharmützeln ihrer Mannschaften, anfangs noch als Familienausflug: «Bei gutem Wetter wanderte man frühmorgens gemeinsam mit Frauen und Freundinnen, versehen mit Thermosflasche und Butterbroten, zum Spielort und blieb oft bis spät in den Abend hinein in geselliger Runde beisammen», schreibt der Sportwissenschaftler Gunter A. Pilz. Heute allerdings sei davon wenig übrig: «Aus breitflächigen Stadien, in denen die Zuschauer bis unmittelbar an den Spielfeldrand standen, sind Arenen mit Drahtverhauen geworden, hinter denen Zuschauer und Fans wie Raubtiere gehalten und von den Akteuren ferngehalten werden.»

In der Anhängerschaft unterscheidet man den Kuttenfan, erkenntlich an seiner über und über mit Fransen und Aufnähern versehenen Jeansweste, den Hooligan mit kurzer Sportfrisur, Turnschuhen und gewaltbereitem Gesichtsausdruck sowie den Ultra, der nach Vorbild der europäischen Mittelmeerländer mit Vereinsschal, Megaphon und Fahne die eigentliche Stimmung in der Kurve macht. Das Wort S. gilt bei Medien, Vereinen, Polizei und Betreuern mittlerweile als politisch unkorrekt. Fanforscher Pilz beobachtet das langsame Sterben des Wortes schon länger: «Der Begriff S. wird – verfolgt man die Berichterstattung in den Tageszeitungen – ab Mitte der 70er Jahre mehr und mehr durch Begrifflichkeiten wie Fußballfans und – in den negativen Versionen – Fußballrowdies, Fußballrocker und Mitte der 80er Jahre Hooligans ergänzt, ja ersetzt.» Man wird ihm auch nicht allzu sehr nachtrauern.

Schlafittchen Wer daran gepackt wird, dem geht es an den Kragen. Das schöne Wort ist das Diminutiv (Verniedlichung) des alten Wortes Schlafittich (Schlagflügel). Und damit war nichts anderes als ein Hemd- oder Jackenkragen gemeint.

Schlamassel Das Gegenteil von ➶ Masel.

Schlaraffe Bewohner eines noch unentdeckten Landes, über dessen Position die unterschiedlichsten Gerüchte kursieren. Der Dichter Hans Sachs (1494–1576) gab folgende Wegbeschreibung: «Ein Mensch, der dahinein will trachten/Muss sich des großen Dings vermessen/Und durch einen Berg von Hirsebrei essen;/Der ist wohl drei Meilen dick;/Alsdann ist er im Augenblick /Im selbigen Schlaraffenland.» Eine 1695 vom Kartographen Johann Baptist Homann (1663–1724) gestochene Landkarte unterteilt das Schlaraffenland in 17 Provinzen mit so klingenden Namen wie Faulpelzland *(Pigritarium regio)* oder Unzuchtland *(Respublica Venerea)*. Fest steht, dass es im Lande selbst Flüsse gibt, in denen statt Wasser Milch und Honig fließen. Augenzeugen berichten zudem von mit Wein gefüllten Seen, Zäunen aus Würstchen und gebratenen Tauben, die dem S. in den offenen Mund flögen. Besser als über die geographische Lage des von vielen gesuchten Landes weiß man über die Wortherkunft Bescheid. So tauchte das Wort *sluraffe* bereits im 14. Jahrhundert auf und bezeichnete einen herumschlendernden Müßiggänger. Etymologen erklären das Wort als eine Kombination aus dem mittelhochdeutschen *slur* (schlendern, ziellos herumstreifen) und dem Wort Affe.

Im 10. Jahrhundert war das Wort auch weniger abwertend für einen Genießer bzw. Feinschmecker geläufig. Die Schlaraffen existieren heute nur noch als eine verschwiegene Geheimgesellschaft, alle anderen nennt man auf Französisch Gourmet. Vielfraße und Faulpelze, die vergeblich nach dem sagenhaften Lande suchen, seien mit den Worten Hoffmanns von Fallersleben (1789–1874) getröstet:

Ja, das mag ein schönes Leben
Und ein herrlich Ländchen sein.
Mancher hat sich hinbegeben,
aber keiner kam hinein.
Ja, und habt ihr keine Flügel,
Nie gelangt ihr bis ans Tor,
Denn es liegt ein breiter Hügel
Ganz von Pflaumenmus davor.

Schlawak

Auch bekannt als Schlawuzi oder Schlawiner (in Österreich und Süddeutschland noch gebräuchlich), ist der S. ein gerissener Zeitgenosse, der meist nichts Gutes, allerdings auch nichts allzu Schlimmes im Schilde führt. Das Wort ist ein umgangssprachlicher Ausdruck für Slawe bzw. Slowene. Slowenische Bettler und Hausierer galten als besonders schlau. Vgl. auch ➶ Schlitzohr und ➶ Dützer.

Schlitzohr Altmodische Bezeichnung für einen gerissenen Burschen, der seine Ziele mit List durchsetzt, notfalls auch auf ungewöhnliche Weise. Das einschlägige «Lexikon der Redensarten», der große «Röhrich», erklärt die Herkunft mit einem Wassergeist aus dem Märchenschatz der Brüder Grimm und einem archaischen Rechtsbrauch, bei dem man Übeltäter brandmarkte, indem eines seiner Ohren eingekerbt wurde. Wahrscheinlicher scheint jedoch ein alter Zunftbrauch: Handwerker trugen als Zeichen ihrer Zunftzugehörigkeit traditionell einen Ohrring, wie er bei Zimmerleuten heute noch üblich ist. Verstieß ein Zunftmitglied gegen den ➶ zünftigen Ehrenkodex und wurde aus dem Berufsverband ausgestoßen, so riss man ihm seinen Ohrring aus dem Ohrläppchen heraus.

Schmock Halb ein ➶ Schlawak, halb ein ➶ Schlitzohr, aber ebenso ein ➶ Parvenü: Der S. ist in jedem Fall ein ausgesprochen halbseidener Charakter. Seinen Namen hat er aus dem Jiddischen, wo der S. ein Tölpel oder ein Narr sein kann, gleichzeitig aber in den feinsten Kreisen verkehrt und meist einen unangenehmen Eindruck hinterlässt. Besonders häufig fand sich dieser Typus im Zeitungsgewerbe.

In die Literaturgeschichte schrieb der Schriftsteller Gustav Freytag (1816–1895) das Wort ein. In seinem Lustspiel «Die Journalisten» (1854) gab er einer kläglichen Nebenfigur diesen Namen. Seitdem steht das Wort S. für einen Lohnschreiber, der es mit der Wahrheit nicht allzu genau nimmt, wenn er denn einen Vorteil davon hat, und seine Meinung für eine Gefälligkeit auch gerne einmal ein bisschen anpasst. Dieser Typus will nun leider überhaupt nicht aussterben – im Gegenteil. Offenbar aber hält man es nicht einmal mehr für nötig, Menschen mit derlei Charakterzügen mit einem eigenen Wort zu benennen, vielleicht, weil sie schon in der Überzahl sind. Denn das Wort S. ist definitiv vom Aussterben bedroht.

Schmöker

Als in den 1950er Jahren Jugendliche Jacken aus schwarzem Leder anzogen oder ihre Röckchen mit mehreren Schichten Rüschenunterröcken aufplusterten, war die Öffentlichkeit alarmiert. Aus Backfischen waren Halbstarke geworden, die keinen Respekt vor Obrigkeit, geregelter Arbeit und ordentlicher Haartracht zeigten. Der Grund für solche Zügellosigkeit war bald ausgemacht: die so genannten S., womit sowohl Comic-Hefte als auch Groschenromane gemeint waren. Der ostdeutsche Lehrer und Jugendbuchautor Benno Pludra («Sheriff Teddy», Berlin 1964) machte westliche Schundliteratur als Hauptübel aus: «Die S. kamen aus Westberlin. Die Regierung gab ein Gesetz heraus, das die Einfuhr, den Besitz und die Weitergabe von Schund- und Schmutzliteratur auf dem Territorium der DDR und seiner Hauptstadt Berlin verbot. Aber der Quell des Übels ließ sich damit nicht verstopfen. [...] Denn wer wird noch an Frieden und Glück der menschlichen Gesellschaft glauben, wer wird noch etwas dafür tun, wenn er durch die Schule von ‹Helden› gegangen ist, die aussehen wie ‹Tarzan› oder ‹Der Killer von Manhattan›?»

Im Westen sah man dies nicht wesentlich anders. Der

Psychologe Hans Zullinger schrieb 1958 in «Jugendliche und Halbstarke»: «Die Knaben geraten ins Schundalter. Dieses ist dadurch gekennzeichnet, dass sie Schundromane verschlingen. [...] Immerhin wird überall zugegeben, dass das Schundlesen für gewisse Individuen anregend, anreizend wirkt und dass Schundgeschichten bei kriminell veranlagten zum Vorbild werden können, indem sie die letzten hemmenden Schranken zerbrechen. Damit ist die Gefährlichkeit der Schundlektüre festgestellt.» Zullinger empfahl zur Heilung des Übels anspruchsvollere Lektüre: «Jagd- und Reiseberichte, Monographien berühmter Männer und dergleichen».

Heute haben Druckwaren als moralisches Übel nur noch ein geringes Erregungspotenzial, zumal sich Sheriff Teddy, Tarzan und Jerry Cotton gegen ihre ungleich blutrünstigeren Nachfahren aus *Multiplayer*, Kino und Konsole vergleichsweise sittlichkeitsfördernd ausnehmen. So stirbt auch das Wort S. mangels Auflage allmählich aus. Immerhin ist das Verb schmökern noch älteren Zeitgenossen vertraut. Auch ist der S. als Begriff für eine zerlesene Schwarte, also ein dickes Prosawerk von nicht sonderlich anspruchsvollem Inhalt, einigen noch bekannt, wenngleich nicht mehr sonderlich gebräuchlich.

Schnibbes

Vgl. ➶ Schabernack.

Schnurre

Wohl vom S. genannten Brummkreisel des 16. Jahrhunderts auf eine sich lustig im Kreise drehende Erzählung oder Anekdote übertragenes Wort. Auch eine zum Zwecke der allgemeinen Erheiterung vorgetragene Begebenheit bezeichnend. Wer Schnurren zum Besten geben konnte, der war auch gern als Tischredner bei Hochzeiten und Jubiläen gesehen. Dem Schwank und der Posse artverwandt ist der Begriff in Zeiten der *Talker* und *Stand-up-Comedians* jedoch dem Aussterben preisgegeben.

Schock Alte Maßeinheit. Bestand aus fünf Dutzend, als sechzig Stück bzw. vier Mandel (jeweils 15 Stück). Betagtere Sprachfreunde erinnern sich an das Mengenlehre-Zitat aus einem Kinderbuch: «Eier möchte ich, einen Schock. Das sind sechzig Stück, Frau Bock.»

Schrammhans Siehe ➶ Pappenheimer.

Schütteltenne Volkstümlich für Tanzboden, heute selbst in ländlicher Umgebung von großräumigen *Dancefloors* verdrängt.

Schuhwerk Jede Generation hat ihre Kriege, die um die jeweils üblichen Fetischismen geführt werden. So bestanden Eltern beim Besuch eines Schuhgeschäfts bis in die 70er Jahre hinein auf den Kauf eines «festen Schuhwerks», geschnürt bis obenhin und genäht aus ➶ zünftigem Leder. Dies galt es stets zu verhindern, denn die Objekte der Begierde waren meist Turnschuhe mit gänzlich unzünftiger Gummisohle, einer kleinen Reißverschlusstasche an der Seite, den obligatorischen drei Streifen oder anderem ➶ Firlefanz, die das Diktat des Schulhofs als einzig akzeptable Schuhmode gerade vorschrieb. Man einigte sich dann in dramatischen Szenen auf einen Kompromiss: weiße Lederturnschuhe zum Beispiel. Das Wort S. hat man seit damals kaum mehr vernommen. Es stammt aus der Zeit, als ein Schuh tatsächlich noch die Handarbeit eines Meisters war, der ihn um einen Leisten herum aufbaute. Diese Zeiten sind lange vorbei. Nur die besserverdienenden Turnschuhkinder von damals geben heute gerne und mit Freuden für ein Paar handgemachter Schuhe ihr dreizehntes Monatsgehalt – solange es dieses noch gibt.

Schutzmann

War in alter Zeit die korrekte Anrede für einen Ordnungshüter, der weithin an Pickelhaube, Säbel und waffenscheinpflichtigem Schnurrbart mit gezwirbelten Spitzen erkennbar eine unbestrittene Respektsperson war. Heute sind solche Wachtmeister nur noch im Kasperletheater anzutreffen. An ihre Stelle sind in den meisten Ländern «Anti-Konflikt-Teams» oder Kontaktbereichsbeamte (kurz: K.O.B.s) getreten. So wird nicht nur das Wort S. in den wohlverdienten Ruhestand geschickt, auch das aus dem Französischen eingedeutschte Wort Gendarm ist längst pensioniert.

Schwagerehe Das Wort geht auf eine alttestamentarische Weisung zurück. «Wenn Brüder beieinander wohnen und einer stirbt ohne Kinder, so soll des Verstorbenen Weib nicht einen fremden Mann draußen nehmen; sondern ihr Schwager soll sich zu ihr tun und sie zum Weibe nehmen und sie ehelichen», heißt es im fünften Buch Mose (25,5–6). Sollte sich dieser jedoch weigern, die Frau seines verstorbenen Bruders zu ehelichen, so empfiehlt die Schrift eine wirksame Maßnahme: Der Heiratsunwillige muss vor den Rat der Ältesten treten. Sollte er trotz eindringlicher Ermahnungen nicht zustimmen, «so soll seine Schwägerin zu ihm treten und ihm den Schuh vom Fuß ziehen und ihm ins Gesicht speien und soll antworten und sprechen: So soll man tun einem jeden Mann, der seines Bruders Haus nicht bauen will!» Man darf von der außerordentlichen Wirksamkeit dieser unkonventionellen Methode ausgehen. Da die heutige Gesetzgebung für solche Fälle nichts Vergleichbares mehr vorsieht, verliert auch dieses Wort seine Bedeutung. Vgl. auch ➹ Josefehe bzw. ➹ Onkelehe.

Schwedenfilm «Delikate schwedische Sexhappen für aufgeschlossene und vorurteilslose Feinschmecker»: Mit diesen appetitanregenden Worten kündigte der Bertelsmann Buchclub seine Schrift «Neue schwedische Liebesgeschichten» in den 1970er Jahren an, denn «die besten Liebesgeschichten schreiben immer noch die Schweden», so der Klappentext weiter. «Blutjunge Mädchen und ältere Herren, Jägersmann und Jägersfrau, Graf und Magd, Gigolo und Millionärin – sie lieben sich frisch und fröhlich, durchaus nicht immer nur zu zweit und manches Mal auch ganz anders als allgemein üblich. Also bitte keine falsche Prüderie. Liebe und Sex werden hier als fröhliches Spiel, als schönster Zeitvertreib ohne Rücksicht auf Tabus unverkrampft und sinnenfroh vorgeführt.

Die schwedischen Autoren (und Autorinnen!) verstehen es meisterhaft, unschuldig-natürlich, charmant, liebevoll und vor allem witzig zu erzählen, dabei jedoch durchaus nicht zimperlich. Und so gekonnt, dass auch der literarisch Anspruchsvollere voll auf seine Kosten kommt.» Letzteres darf man durchaus bezweifeln. Fest steht jedoch, dass den Skandinaviern, besonders aber den Schweden, gern ein offenherziges Wesen angedichtet wird. Dies verdeutlicht die Entstehung des Wortes S., mit dem ein Genre, das vormals in Kleinanzeigen auch verschämt unter der Rubrik «Naturfilm» geführt wurde, zeitweise seinen (irreführenden) Titel erhielt.

Hier ging es freilich nicht um die Abenteuer von Pippi Langstrumpf, Michel aus Lönneberga oder Karlsson vom Dach. Vielmehr war das Verlegenheitswort S. eine Art Tarnname für nicht ganz jugendfreie Stoffe, die zwar nicht notwendig in freier Natur gedreht wurden, meist aber in natürlicher Freiheit – also bar jeglicher Textilien. Nun waren diese Werke, die heute allenfalls als sittengeschichtliches Quellenmaterial für Moralforscher dienen können, keinesfalls auf Schweden beschränkt. Auch die Deutschen drehten eifrig Filme mit Titeln wie «Es jodelt in der Lederhose» oder «Das Wirtshaus der sündigen Töchter», denen die Sexfilmforscherin Annette Miersch in ihrem

Buch «Schulmädchen-Report. Der deutsche Sexfilm der 70er Jahre» mit Recht eine «einfach strukturierte Rahmenhandlung» attestiert. Ein besonderes Untergenre stellte der Schwedenfilm mit Titeln wie «Drei Schwedinnen auf der Reeperbahn» (1980) dar.

Schon für den Super-8-Projektor erschien etwa der Stummfilm «Schwedensex in Paris», den Ton gab es als Sieben-Zoll-Single für den Plattenspieler extra. Der Begriff S. (gelegentlich auch Dänenfilm) wurde jedoch in der Anfangszeit des Nacktfilms, als man von Unterscheidungen wie *Soft-* und *Hardcore* noch nicht zu träumen wagte, ver-

So genanntes Singlelochcover einer Sieben-Zoll-Schallplatte mit dem einschlägigen Ton zum Stummfilm.

schämt auf das gesamte Genre des Paarungsfilms übertragen. Auch wenn eine wissenschaftliche Arbeit von Stephan Michael Schröder an der Humboldt-Universität 1996 eindeutig belegte, dass es sich bei dem pauschalen Verdacht der Promiskuität gegen die Schweden lediglich um ein vollkommen unbegründetes Stereotyp handelt. Doch Klischees sind oft langlebiger als Wörter. Während das Wort S. heute fast völlig in Vergessenheit geraten ist, fragte noch 1995 ein Buch des Aufbau-Verlags mit dem Titel «Erotische Erkundungen. Schwedische Frauen erzählen»: «Blond, sündig und lasziv: Sind so die schwedischen Frauen?»

sitt Manchmal fehlen selbst in der wortreichen deutschen Sprache die Worte – nicht, weil sie aussterben, sondern weil es sie noch nie gegeben hat. Meist aber stört dieser Mangel auch niemanden. Im Jahre 1999 fiel einem Getränkehersteller auf, dass es in der deutschen Sprache kein Wort für das Gegenteil von durstig gibt – während das Gegenteil von hungrig mit dem Adjektiv satt benannt ist. Skandinavische Sprachen hingegen kennen für diese Zustandsbezeichnung eigene Vokabeln.

Flugs wurde gemeinsam mit dem Duden-Verlag ein Wettbewerb ausgeschrieben und aus vielen tausend Einsendungen das Kunstwort s. gewählt. Dies war nicht die erste Bemühung, ein neues Wort für den Zustand des «Undurstigseins» zu finden. In der deutschen Ausgabe von Douglas Adams' Worterfindungslexikon «Der tiefere Sinn des Labenz» findet sich beispielsweise der einem Ortsnamen entlehnte Wortvorschlag «stulln», auch die Satirezeitschrift «Pardon» hatte 1975 vergeblich versucht, das Wort «schmöll» einzuführen. Leider setzte sich keiner dieser Vorschläge durch, auch im Duden fehlt das preisgekrönte Neuwort bisher zwischen den Einträgen Sit-In und Sittendezernat. Historisch korrekt wäre das Wort ohnehin nicht, denn satt ist ursprünglich kein deutsches, sondern ein lateinisches Wort, das sich von *satis* (genug) herleitet. Das Grimm'sche Wörterbuch kennt auch noch die Verwendung des Wortes satt sowohl für nicht hungrig als auch für nicht durstig – nur wird es heute so nicht mehr verwendet. So bleibt uns nichts anderes übrig, als auf die Frage nach einem kühlen Getränk mit einer umständlichen Verneinung zu antworten: «Ich habe keinen Durst.» Nur sehr mutige Sprachpioniere setzen sich freiwillig dem Verdacht aus, eine Schraube locker zu haben, und verkünden ganz selbstverständlich: «Nein danke, ich bin s.»

Sonntagsstaat

Lange Zeit galt das an allerhöchster Stelle beschlossene Gebot, dass man am siebten Tage ruhen solle. Da dies den Sterblichen jedoch langweilig erschien, gestalteten sie den Sonntag mit Ritualen, die ihn über den gewöhnlichen Wochentag erheben sollten: Kirchgang, Sonntagsspaziergang, Sonntagsbraten, Sonntagskonzert, Pferderennen. Um die Feierlichkeit dieses der alltäglichen Qual der Werktätigen entrückten Ausnahmetages zu unterstreichen, wurde der S. erfunden. Wer immer etwas auf sich hielt, der putzte sich nach dem ➶ Badetag frisch nach Kernseife und Kölnisch Wasser duftend heraus. Hemden wurden gebügelt, ➶ Binder angelegt, und die Kinderschar musste nass gescheitelt und mit artig geflochtenen Zöpfchen antreten wie die Orgelpfeifen. Jungs wurden in einen Matrosenanzug gezwängt. Sodann wurde der Sonntagsspaziergang absolviert, und traf man im Park einen Bekannten, so zog man höflich den Hut, die Kinder machten ➶ Knicks und Diener. Dass all dies namentlich der jüngeren Generation nicht sonderlich gefiel, versteht sich von selbst.

Im Lauf des 20. Jahrhunderts verwandelte sich der Sonntag so allmählich zum Tag der Freizeit, wie Schlager-Titel wie «Am Sonntag will mein Süßer mit mir segeln gehen» dokumentieren. Die sonntägliche Kluft, einstmals der Stolz einer Familie, wich allmählich modischer Freizeitbekleidung, die die Bequemlichkeit in den Vordergrund stellte. Heute ist der S. so gut wie verschwunden. Wer in der Woche gezwungen ist, Bügelfalten zu zeigen, wird diese nicht freiwillig am Feiertag tragen. Und wer mangels Arbeit ohnehin die meiste Zeit in der Arbeitslosenkluft (Jogginganzug) herumlungert, der kennt ohnehin keinen Feiertag. Und wenn der Wirtschaftsliberalismus, der sich gerne bürgerlich gibt, demnächst auch den Sonntag zum Einkaufstag erklärt haben wird, dann wird auch noch eines der letzten Relikte bürgerlichen Selbstverständnisses ausgestorben sein.

Sparren

Wer einen Sparren zu viel oder zu wenig hat, bei dem stimmt etwas nicht im Dachgebälk. Tatsächlich handelt es sich beim S. um einen schrägen Balken mit tragender Funktion. Der Zimmermann unterscheidet den

Grat- und den Kehlsparren. Der Schriftsteller Kurt Tucholsky (1890–1935) gab am 27. Mai 1930 in der «Weltbühne» ein eindrückliches Beispiel für einen Menschen, in dessen Dachgebälk etwas nicht stimmt: «Die Balten sind die Apotheker Europas – sie haben durchweg einen Sparren. In Ascona wohnte einer, der hatte nie eine Uhr im Haus. In einem Dörfchen, vier Kilometer davon, war eine Turmuhr, die konnte man mit bloßem Auge kaum erkennen. Da kaufte sich der Balte für teures Geld ein Fernrohr und las die Zeit ab.»

Spitzbube Umgangssprachlich für ➶ Beutelschneider und andere ➶ Halunken, deren Vergehen nicht kapitaler Natur sind, sondern mit unterem Strafmaß geahndet werden. Das Wort wird auf den verräterischen Spitzel zurückgeführt, der seinen Namen der Hunderasse Spitz verdankt, die als besonders wachsam galt. Andere Quellen deuten auf den Besitz eines spitzen Gegenstandes, den der S. in seinem Gewande verbirgt: einen Dolch oder ein Klappmesser etwa. Diese Wortherkunft ist mutmaßlich militärisch und wurde schon im Dreißigjährigen Krieg (1618–1648) für marodierende Soldaten verwendet. Und der Dichter Friedrich Schiller (1759–1805) verriet in seinem Stück «Die Räuber»: «Zu einem Spitzbuben will's Grütz, auch dazu gehört ein eigenes Nationalgenie, ein gewisses, dass ich so sage, Spitzbubenklima, und da rat ich dir, reis' du ins Graubünder Land, das ist das Athen der heutigen Gauner.» Wer jemals beim Skilaufen mit den Preisen für eine Ovomaltine in Davos im Kanton Graubünden konfrontiert wurde, kann dies auch heute noch aus vollem Herzen und leerem Beutel bestätigen. Der Weltwirtschaftsgipfel tagt dort nicht zufällig.

spitze Von einer Ratesendung im Fernsehen verbreitetes Adjektiv. Es erfährt eine gewisse Renaissance durch ein von der Musikgruppe Sportfreunde Stiller eingespieltes gleichnamiges Lied, doch nach dem Tod Hans Rosenthals (1925–1987) dürfte das Wort keiner großen Zukunft entgegensehen. Siehe hierzu ➶ dalli.

Stanniolpapier Noch im 20. Jahrhundert bezeichnete man das Verpackungsmaterial Aluminiumfolie als S. Tatsächlich aber war mit S. ein sehr dünnes Zinnblech bzw. eine Zinnfolie gemeint, wie sie heute allenfalls in spezialisierten technischen Verfahren angewendet wird. Dennoch befindet sich dieses Wort noch im Vokabular älterer Zeitgenossen, die es gerne in der Adventszeit hervorholen, etwa wenn so genannte Stanniolsterne gebastelt werden. Auch flattert das Stanniol durch manche Lebensgeschichte der Flakhelfergeneration, allerdings unter der wehrtechnischen Bezeichnung Düppel. So nannte man dünne Streifen aus S., die für Störmanöver im Luftkampf eingesetzt wurden. Im Zweiten Weltkrieg warf man dünne Streifen aus S. aus Bombern ab, um den Radar feindlicher Flieger zu stören. Das herabregnende S., die so genannten Düppel, lenkten von echten Zielen ab und tarnten Flugzeuge auf dem Radarschirm. Heutige Kinder basteln eher selten Weihnachtsdekorationen aus Seifenpapieren und glatt gestrichenen Schokoladenverpackungen.

Stinkbolzen Von Opas S. bis zum modischen Accessoire hat die Zigarre eine erstaunliche Karriere hinter sich gebracht. Noch gegen Ende des 20. Jahrhunderts galt sie als gänzlich avunkular. Mag es am amerikanischen Embargo für die Insel Kuba liegen oder an der Popularität der teuren ➶ Kolonialwaren, mit einer Julietta, einer Corona oder einer Montecristo zwischen den Zähnen darf man sich neuerdings wieder sehen lassen. Früher hatte man den scharfen Tabaksqualm noch in Raucherkabinette verbannt und schützte das weiße Hemdtuch mit samtenen Rauchjacken vor dem gefährlichen Gilb – ein Kleidungsstück, das mittlerweile mit ➶ Kummerbund zum Smoking (englisch für Rauchen) bei feierlichen Anlässen getragen werden darf. Eine Cohiba raucht heute jeder ➶ Parvenü, ein James Bond bevorzugte deshalb das schwer erhältliche Zigarillo mit den drei goldenen Ringen und entflammte es mit seinem berühmten schwarz eloxierten Feuerzeug.

Der berühmteste Stummel jedoch war weiblich und hörte auf den klingenden Namen Maria Mancini. Thomas Mann steckte sie seinem Romanhelden Hans Castorp in sein «automobilledernes und mit silbernem Monogramm geschmücktes Etui». Es waren genussfreudige Zeiten, in denen die Liebhaber von S. noch nicht fürchten mussten, bei ihrem Laster ertappt von einem aufgebrachten Mob gesundheitsbewusster Kostverächter um die Häuser gejagt und an der nächsten Laterne aufgeknüpft zu werden.

«Ich verstehe nicht, wie jemand nicht rauchen kann, – er bringt sich doch sozusagen, um des Lebens bestes Teil und jedenfalls um ein ganz eminentes Vergnügen! Wenn ich aufwache, so freue ich mich, dass ich tagsüber werde rauchen dürfen, und wenn ich esse, so freue ich mich wieder darauf, ja ich kann sagen, dass ich bloß esse, um etwas rauchen zu können, wenn ich damit natürlich auch etwas übertreibe. Aber ein Tag ohne Tabak, das wäre für mich der Gipfel der Schalheit, ein vollständig öder und reizloser Tag, und wenn ich mir morgens sagen müsste: heut gibt's nichts zu rauchen, – ich glaube, ich fände den Mut gar nicht, aufzustehen, wahrhaftig, ich bliebe liegen [...] ich meine: Hat man eine gute Zigarre, dann ist man eigentlich geborgen, es kann einem buchstäblich nichts geschehen.» Man kann dem Sprecher Castorp seine relative Jugend zugute halten und ein zeitbedingtes Informationsdefizit – zu seiner Zeit war Lungenkrebs (Zigarrenrauchern droht eher Zungenkrebs) noch ebenso schlecht erforscht wie beispielsweise die ➶ Proletarierkrankheit. Unsere gesundheitsfanatische Fitnessgesellschaft sieht dies etwas anders, und vermutlich wird sogar das Wort Raucher in wenigen Jahren bedroht sein. Man wird dann offiziell nur noch von Nikotinabhängigen sprechen.

Stinkdill

Vgl. ➶ Wanzenkraut.

Strauchdieb

Entgegen einer landläufigen Meinung handelt es sich beim S. nicht um einen, der die Kirschen aus

Nachbars Garten und die Himbeeren von des Bauern Wiese klaut, sondern eher um einen Finsterling, der mit dem Knüppel aus dem Unterholz bricht. Dem Sprachhistoriker Wolfgang Pfeifer zufolge ist der S. ein «Straßenräuber, verhungert und elend aussehender Mensch». Martin Luther, bekannt für seine Neigung zu Kraftausdrücken, trug maßgeblich zur Verbreitung des Wortes bei. In neuerer Zeit wiederbelebte es der Dichter Peter Handke, indem er den Literaturkritiker Marcel Reich-Ranicki einen Ober-S. nannte, und im Sommer 2006 erklärte der Gesellschaftskritiker Henryk M. Broder anlässlich einer Debatte über das Nationalgefühl pauschal: «Patrioten sind Strauchdiebe.»

Da der heutige Reisende jedoch gut geschützt durch gänzlich unbewaldete und strauchlose Wegstrecken rollt und an den meisten Sträuchern auch nichts mehr zu holen ist, dürfte die Renaissance des Wortes außerhalb der Fehden von Dichtern und Denkern nur äußerst begrenzt bleiben.

Subbotnik Eher seltenes Beispiel für ein aus dem Russischen eingedeutschtes Wort. Der Revolutionär Wladimir Iljitsch Uljanow Lenin (1870–1924) machte das Wort, das im Russischen Sonnabend bedeutet, mit einem Propagandaartikel berühmt. Eisenbahnarbeiter hatten in mehr oder weniger freiwilligen Sonderschichten den Schienenbau nach Moskau fertiggestellt. Der Dichter Wladimir Majakowski (1893–1930) besang diese Heldentat der Werktätigen in Reimen:

«Hart ist der Winter./Die Kälte ist groß./Am Leib unsre

Blusen,/die schweißigen./Wir Kommunisten/Stapeln den Stoß Holz/am Subbotnik,/am fleißigen. [...] Die Arbeit ist schwer,/die Arbeit ist schier zermürbend/und ganz unentgeltlich./Doch arbeiten wir/und schaffen hier ein Werk/human und ganz weltlich.»

Fortan wurde der Subbotnik zum Synonym für einen freiwilligen Arbeitseinsatz im Dienste einer Sache, z. B. beim Wiederaufbau nach dem Zweiten Weltkrieg. Weil aber die wenigsten Lust hatten, zu schuften wie ➶ Hennecke, verabschiedete man sich selbst in der DDR von dieser offiziellen Einrichtung und gebrauchte das Wort nur noch ironisch. Im Westen allerdings lebte es gänzlich ironiefrei in Kreisen von Instandbesetzern und Aktivisten fort – bis es eines Tages auch hier von der Bequemlichkeit gefressen wurde.

T

Taschenzündapparat Wenn Hans Castorp seinen ➶ Stinkbolzen in Brand setzte, zog er zu diesem Zwecke nicht etwa einen ➶ Fidibus, sondern seinen T. aus der Jacke. Man darf annehmen, dass er mit Monogramm geschmückt und aus teurem Metall gefertigt war. Wir Heutigen sagen schlicht Feuerzeug dazu und werfen das billige Ding nach Gebrauch in den Müll.

Taugenichts Es war an einem jener Tage, als die Mühle lustig klapperte, der Schnee schmolz und die Sonne ihre ersten Strahlen herabschickte. Aber da trat der Vater aus dem Hause und sprach: «Du T.! Da sonnst du dich schon wieder und dehnst und reckst dir die Knochen müde, und lässt mich alle Arbeit allein tun. Ich kann dich hier nicht länger füttern. Der Frühling ist vor der Tür, geh hinaus in die Welt und erwirb dir selber dein Brot.» Mit einem so hartherzig vorgetragenen Rauswurf begannen früher die Abenteuer, aus denen Weltliteratur wurde. Joseph von Eichendorff (1788–1857) ließ den Helden seines Romans «Aus dem Leben eines T.» 1826 denn auch dergestalt antworten: «Nun, wenn ich ein T. bin, so ist's gut, so will ich in die Welt gehn und mein Glück machen.» Heutzutage würde ein solcher Generationenkonflikt vermutlich sogleich von einem Familientherapeuten oder einem Team von

Sozialarbeitern geschlichtet werden. Aber Taugenichtse, Nichtsnutze, Hallodris und ➶ tumbe Toren gibt es in jeder Generation genug. Da mag die Erkenntnis Trost spenden, dass ihresgleichen auch die Weltliteratur bevölkert: vom «Parsifal» bis zum «Zauberberg». Auch wenn nicht jedem bestimmt ist, einen Drachen zu töten oder eine Prinzessin zu ➶ freien, so ist der T. doch eine zentrale Figur deutscher Geistesgeschichte, vielleicht mehr noch als das Genie. Nur ist das wohltönende Wort heute wenig gebräuchlich. Man nennt ihn *Loser*.

Tomoffel In der Alchemie hat das Erschaffen von Zwitterwesen eine lange metaphysische Tradition. Die moderne Biologie knüpft nahtlos an diese alte Grenzwissenschaft an, wie das Wort T. beweist, das aus Tomate und Kartoffel gekreuzt wurde. Wortwissenschaftler dürften sich mit diesem Kompositum eher schwertun, Biologen hingegen versuchen ernsthaft, eine solche Frucht mit Hilfe der Protoplastenfusion zu erzeugen. Bisher jedoch nur mit mäßigem Erfolg, denn die dabei entstehende Pflanze ist aufgrund genetischer Instabilität nicht vermehrungsfähig. Dasselbe dürfte auch für das nebenbei entstandene Wort T. gelten, das trotz seiner relativen Jugend deswegen schon als bedroht gelten muss. Schade eigentlich, denn in der Einkaufstüte läge der Vorteil auf der Hand, und ein Hybrid aus Pizza und Bratkartoffeln wäre unter Umständen auch ein Gewinn für die deutschen Speisepläne.

Trantüte Wenig schmeichelhafte Personenbezeichnung, die reaktionsschwache Mitmenschen früher oft hören mussten: «Du T.!» (für Frauen gern auch *Transuse*). Über die Herkunft des Wortes streiten sich die Experten. Tran ist ein aus Fischen oder Meeressäugern gewonnenes Öl, das durch Erhitzen oder Ausschmelzen des Fettes destilliert wird und bis ins 19. Jahrhundert als Lampenöl diente, aber auch der Herstellung von Seife und Margarine. Riecht unangenehm und schmeckt nicht besser. Berühmt wurde der so genannte Lebertran, der insbesondere Kindern als Allheilmittel mit abgefeimten Tricks verabreicht wurde («Ein Löffel für Mami, ein Löffel für Papi») und der Stärkung bei Unterernährung oder zur Bekämpfung von Rachitis dienen sollte. Möglicherweise wurde das Wort zur Herabwürdigung von Personen gebraucht, weil sich der Tran durch zähe, langsame Fließeigenschaften auszeichnet. Seit Mitte des 19. Jahrhunderts wurde es zur Verunglimpfung von Personen verwendet. Eine bildliche Deutung geht von einem Behältnis aus, das Flüssigkeit nur langsam verliert. So ist das Wort Träne bzw. Tropfen mit dem altsächsischen *tran* verwandt. Ebenso hielt sich lange Zeit die Redewendung «im Tran sein», die auf Menschen angewandt wurde, die alkoholische Flüssigkeiten in beachtlicher Menge zu sich genommen hatten, sich also in einem Zustande fortgeschrittenen Rausches befanden.

türken Umgangssprachlich für fälschen bzw. etwas Unechtes als echt ausgeben. Soll seinen Ursprung im Militär haben, wo die Redewendung «einen Türken bauen» für eine Finte oder einen Überraschungsangriff im Gefecht diente. Einer Anekdote zufolge könnte das Wort auf den Bau des Nordostseekanals zurückgehen. Als der Kaiser-Wilhelm-Kanal 1895 feierlich bei einem Galadiner auf der MS «Deutschland» eingeweiht wurde, spielte die Marinekapelle jedem ausländischen Staatsgast zu Ehren dessen jeweilige Nationalhymne. In Ermangelung der echten Nationalhymne spielte die Kapelle für die türkische Delegation beim Anblick der Halbmondfahne kurzerhand das Lied «Guter Mond, du gehst so stille». Somit war die Hymne «getürkt». Wahrscheinlicher erscheint allerdings eine ältere Herkunft des Wortes. Im Jahre 1769 hatte der Mechaniker Wolfgang von Kempelen (1734–1804) einen menschenähn-

Wolfgang von Kempelen – Türkischer Schachspieler.

lichen Roboter konstruiert, der Schach spielen konnte und als Türke gekleidet war. Nachdem Friedrich der Große und Napoleon gegen die Maschine, den so genannten Schachtürken, verloren hatten, stellte sich heraus, dass es sich um einen Betrug handelte. In dem Kasten war ein kleinwüchsiger Mensch verborgen: Der Türke war getürkt. Wer die EU-Erweiterung nach Südosten nicht fahrlässig gefährden will, sollte das Verb vermeiden. Vgl. auch ➶ Kruzitürken.

tumb Altmodisches Adjektiv, das einen einfältigen oder unerfahrenen Menschen bezeichnet. Wolfram von Eschenbach (vermutlich 1160–1220) bezeichnete in seinem mittelalterlichen Erfolgsroman «Parzival» den Titelhelden wenig schmeichelhaft als *thumben thoren*. Die Lektüre der diversen Entwicklungsromane lehrt jedoch, dass aus so manchem Tölpel oder Simpel noch ein mutiger Gralsritter oder ein tapferer Weltverbesserer werden kann. Heute scheut man sich daher, das Traditionswort zu verwenden. Selbst seine neuere Lautform, das Wort dumm, gilt als ehrenrührig. Konfliktscheue Zeitgenossen sagen daher lieber «minderbegabt». Vgl. ➶ Taugenichts.

Tusferi Der Dichter Stefan George (1868–1933) war nicht nur ein Freund der Kleinschreibung und einer eigenwilligen Typographie, auch liebte er archaische Wörter. Das Wort T. in seinem Gedicht «Vogelschau», das schon vielen Schülergenerationen Anlass zu Spekulationen bot, bezeichnet weder einen Vogelkäfig noch den Namen einer

Bunte häher sah ich hüpfen·
Papagei und kolibri
Durch die wunder-bäume schlüpfen
In dem wald der Tusferi.

geheimnisvollen Fee. Ernst Morwitz (1887–1971) schrieb dazu in seinem «Kommentar zu dem Werk Stefan Georges»: «Der Wald der T. ist ein Hain von Weihrauch liefernden Bäumen oder Sträuchern.» Der George-Forscherin Ute Oelmann zufolge ist das Wort eine Neubildung aus dem lateinischen Wort *tus* (Weihrauch) und *thurifer* (*thuribulum* – Rauchfass und *ferre* – tragend), womit ein Weihrauch tragender Messdiener in der katholischen Liturgie bezeichnet wird. Da dies außerhalb von Ministrantenkreisen kaum jemand weiß, hat das Wort seinen geheimnisvollen Klang behalten.

Tusnelda Auf den Namen Tusnelda werden schon lange keine Kinder mehr getauft. Das liegt daran, dass er als Schmähwort für unbeliebte Weibsbilder Tradition hat, etwa in der Abkürzung Tusse oder Tussi. So werden Frauen geschimpft, denen ein eindimensionales Interesse an Putz und modischer Kleidung unterstellt wird. Das Wort geht auf den Namen der Tochter des Cheruskerfürsten Segestes zurück. Sie war die Ehefrau des Helden Arminius, der die Schlacht vom Teutoburger Wald gewonnen und die Römer vernichtend geschlagen hatte. Von ihrem Vater, der aufseiten der Römer stand, wurde sie an den römischen Feldherrn Germanicus ausgeliefert und gebar in der Gefangenschaft ein Kind. Im Jahre 17 n. Chr. wurde sie auf dem Triumphzug des Germanicus als Trophäe ausgestellt. Ihr weiteres Schicksal verliert sich im Nebel der Historie bzw.

der Legenden. Zum Schimpfwort erkoren den Namen der Unglücklichen womöglich Schüler nach der Zwangslektüre des Dramas «Die Hermannschlacht» (1808) von Heinrich von Kleist (1777–1811). Vielleicht sagt das Wort auch weniger über die angeblichen Charaktereigenschaften der so geschmähten Frauen aus, als mehr darüber, wie gewisse Männer ihre Frauen vorführen – nämlich als Trophäen.

U

Ulk Unernstes Treiben, das namentlich bei Studenten früherer Generationen verbreitet war. Bezeichnete dort auch einen Auflauf oder eine Zusammenrottung, bei der allerlei ➶ Schabernack getrieben wurde. Im 20. Jahrhundert auch üblich für einen Schwank, also ein unterhaltsames Lustspiel ohne Tiefgang. Bei Theaterkritikern daher eher unbeliebt. So wetterte ein Kritiker der Vossischen Zeitung 1931: «Der hochsommerliche U. hat sich entschieden um ein paar Monate zu früh auf die Bühne des Lessing-Theaters verirrt.» Das Volk aber war für einen U. stets zu haben, und so prägte sich sogar der Typus der ➶ Ulknudel aus. Heutzutage gehört das Wort in die Mottenkiste der deutschen Sprache. Es wurde gegen die *Comedy* ausgetauscht, die mit ihrer ehrwürdigen Mutter, der *commedia dell'arte*, meist nur noch wenig zu tun hat.

Ulknudel In den 1970er Jahren entstandener Typus einer Bühnendarstellerin, die im öffentlich-rechtlichen Fernsehen für die Humorarbeit zuständig war. Zu jener Zeit jagten aufrechte Förster mit blütenweißen Hemdkragen und geladener Büchse fiese Wilddiebe durch den Silberwald, und der Moderator Robert Lembke (1913–1989) versammelte die Fernsehnation zum heiteren Berufe-Raten vor dem Bildschirm. Pionierarbeit in Sachen Humor leisteten da die Sopranistin und vormalige Nacktdarstellerin Elisabeth Volkmann (1936–2006) und ihre Kollegin Ingrid Steeger («Dann mach ich mir 'nen Schlitz ins Kleid und find' es wunderbar»), die lustige Sketche am laufenden Band aufführten, deren Pointe meist darin bestand, dass sich eine der Damen die Bluse aufknöpfte. Berühmt wurde die Fernsehserie «Klimbim» (1973–1979). In einem gern wiederholten Ulk wirft der Großvater mit einem zu hart gekochten Frühstücksei ein Loch in die Wand. Mittlerweile gilt dieser Humor als überholt, auch wenn weniger talentierte Nachfolger ihn regelmäßig aufzuwärmen suchen. Sie nennen sich *Comedy-Stars* (vgl. ➶ Ulk).

V

Vagant Umherziehendes bzw. fahrendes Volk. Schon im 16. Jahrhundert wurden Spielleute, fahrende Schüler und Studenten, aber auch Landstreicher so genannt. Obwohl das Wort aus dem französischen *vagabond* bzw. dem lateinischen *vagans* stammt, gab es einer archetypischen Figur des deutschen Romans den Namen und steht im Titel von Grimmelshausens frühem Abenteuerroman «Der abenteuerliche Simplicissimus Teutsch, d.h. die Beschreibung des Lebens eines seltsamen Vaganten, genannt Melchior Sternfels von Fuchshaim etc.» (1668). In Berlin führt immerhin noch ein kleines Theater die Vaganten im Namen, und auch im Wort extravagant lebt dieser vagabundierende Begriff noch fort. Die Mehrheit der Deutschen allerdings dürfte ihn aus ihrem aktiven Wortschatz schon verabschiedet haben.

Valet Auch Grußbezeugungen unterliegen einem schnellen Wandel. Anstelle der ebenso höflichen wie umständlichen Grußformeln «Ich darf mich empfehlen» oder «Gehabt euch wohl» trällert der Heutige lieber ein laxes «Tschö mit ö». Wer aber noch V. sagt, der meint damit nichts anderes als Lebewohl (lateinisch *valete*). Sprachhistoriker führen das Wort auf den römischen Dichter Ovid (73 v.Chr.–17 n.Chr.) zurück: «*Supremum vale dicere*», heißt es in seinen «Metamorphosen» (10,62). Fortan wurde der V. auch als Synonym für Abschied gebraucht. So heißt es im romantischen Lied Joseph von Eichendorffs (1788–1857): «Das sind die Herren Studenten, zum Tor hinaus es geht, auf ihren Instrumenten sie blasen zum V.»

Valetschmaus Studentendeutsch für ein Abschiedsessen, vgl. ➶ Valet.

Vatermörder Bezeichnete einen zur Zeit von Vormärz und Biedermeier erfundenen, wenig bequemen Hemdkragen. Den kinnhohen, offenen Stehkragen mit abstehenden Ecken knöpfte man separat auf ein kragenloses Herrenoberhemd. Zu den Risiken und Nebenwirkungen dieser Modetorheit gehörten Druckstellen am Hals bis hin zu Atemnot und ➶ Blümeranz. Nach landläufiger Deutung verdankt das Kleidungsstück den Namen eben diesen unerwünschten Auswirkungen. Eine andere Theorie erklärt das Wort mit einem Hörfehler: Im Französischen nannte man den V. *parasite*, da er sich wie ein Schmarotzer auf jedes beliebige Hemd aufsetzen ließ. Die Deutschen verstanden aber *parricide* (Vatermörder). Wird heute nur noch zum Frack getragen, also fast gar nicht mehr, und so sterben Ding und Wort allmählich aus.

Veitstanz Benannt nach dem heiligen Vitus, den Kaiser Diokletian (240–316) um 304 den Löwen zum Fraß vorwarf, die ihn aber nicht essen wollten, sondern dem wundertätigen Christen stattdessen die Füße leckten. Den Märtyrertod starb er sodann in siedendem Öl. Seit der frühen Neuzeit wird das Wort auch für eine kollektive Raserei verwendet, die in einem Massenauflauf der (meist armen) Bevölkerung ausbricht. Warum dies so ist, wissen selbst die etymologischen Standardwerke nicht. Ein Hinweis könnte aber jene anonyme Beschreibung sein:

> Viel Hundert fingen zu Straßburg an,
> zu tanzen und springen, Frau und Mann,
> auf offenem Markt, in Gassen und Straßen,
> Tag und Nacht ihrer viele nichts aßen,
> bis ihnen das Wüten wieder gelang,
> Sankt Veitstanz ward genannt die Plage.

Straßburg war im 15. Jahrhundert bekannt als Marktfleck mit ausgedehnten Feiertagen. Im Zuge von Überbevölkerung, Pestilenz und Gelbfieber kam es hier mehrfach zu tumultartigen Exzessen, möglicherweise auch am St. Veitstag, dem 15. Juni. Benennt auch eine Nervenkrankheit, die sich in Muskelzerrungen äußert. Nicht umsonst haben sich neben den Tänzern und Schauspielern auch die Winzer, Bierbrauer und Gastwirte den Heiligen als Schutzpatron auserkoren. Tumulte gibt es auch heute noch, aber der heilige Vitus (St. Veit) wird dabei nur noch selten angerufen.

Vergraulungsmaßnahme Zur Vertreibung des ➶ Problembären empfohlene Methode. Durch Lärm, notfalls auch Gummigeschosse, sollte das Tier abgeschreckt und in die Flucht geschlagen werden. Nachteil: Der Bär gewöhnt sich daran, nicht zu Futterplätzen zurückzukehren, sondern zieht weiter, was die Jagd wesentlich erschwert. Im Falle eines Bärenangriffs wird übrigens empfohlen, sich flach auf den Boden zu legen und tot zu stellen, da der Bär kein Aasfresser ist. Vorausgesetzt, man hat hierzu die Nerven, doch dürfte dieser Fall ohnehin nicht häufig eintreten, denn den Problembären geht es aufgrund jahrhundertelanger menschlicher Vergraulungsmaßnahmen genauso wie vielen Wörtern: Sie sind fast ausgestorben.

W

Wanzenkraut Wenig appetitliche Bezeichnung für eine neuerdings wieder gerne als Gewürz genutzte Pflanze aus der Familie der Doldenblütler. Das auch als Stinkdill bekannte Gewächs wird als Heilpflanze gegen Darmleiden verwandt, heißt korrekt aber *Coriandrum sativum*. «Hat sein namen von den wantzen her, die in Griechischer spraach koris genannt werden, denn kein wantz kann nit so übel stinken als Coriander», schrieb der Arzt Leonhart Fuchs (1501–1566) in seinem 1543 in Basel erschienenen «Kreutterbuch». (Nach dem Botaniker Fuchs wurde übrigens die Fuchsie benannt.) Seit dem Siegeszug der thailändischen Küche Anfang des 21. Jahrhunderts kommt das W. zusammen mit Kokosmilch und Currypaste vermehrt auf deutsche Teller, allerdings unter dem griechischstämmigen Begriff Koriander. Das Wort W. hat man aus Geschmacksgründen stillschweigend unter den Küchentisch fallen lassen.

wes Es wird ja heute gerne das Aussterben des Genitivs beklagt. Sagte man früher einmal «wegen des Genitivs», so setzt sich nun der Dativ durch: «wegen dem Genitiv». Wer aber trauert dem schönen Wörtchen w. nach? Sieht man einmal genauer hin, so stirbt der Genitiv nicht erst seit gestern, wie sich folgender Spruchweisheit ablesen lässt: «Wes Brot ich ess', des Lied ich sing.» Nicht dass der Satz an

Gültigkeit verloren hätte, im Gegenteil. Aber wer benutzte noch das kleine Wörtchen w.?

Wollust Häufig als eine der sieben Todsünden bezeichnet, tatsächlich aber in der katholischen Lehre nur ein Laster, wenn auch eines der Hauptlaster. Luxuria, die Unkeuschheit bzw. Wollust, gilt in papsttreuen Kreisen auch als Wurzelsünde, da aus dem Laster der Begierde schnell eine Sünde erwachsen kann. Schuld an diesem Drang, der den Menschen gelegentlich und manchen sogar ständig peinigt, ist nach alter Lehre der Dämon Asmodis. Der Dominikanermönch und Inquisitor Heinrich Kramer (1430–1505) behauptete 1486 in seinem Bestseller «Hexenhammer», er sei «der eigentliche Dämon der Hurerei und der Fürst jeder Unflätigkeit». Gegen die Wollust helfen nach strenger Glaubensregel Enthaltsamkeit oder wenigstens Mäßigung. «Wollust ward dem Wurm gegeben», behauptete Friedrich Schiller (1759–1805) in seiner «Ode an die Freude». Heute nimmt man es mit alledem nicht mehr so genau. Und wie schrieb schon Oscar Wilde (1854–1900)? «Der einzige Weg, eine Versuchung loszuwerden, ist, ihr nachzugeben.» Diese Erkenntnis hat sich längst durchgesetzt, und so ist das Ausüben der Wollust in Wort, Bild und Tat auf allen Kanälen so geläufig, dass es das Wort dafür auch nicht mehr braucht. Der modernen Swinger-Gesellschaft steht ein ganzer Kanon körpernaher Begrifflichkeiten zur lustvollen Verfügung. Sie macht reichlich davon Gebrauch.

Wurfzabel Siehe ➶ Bredouille.

Y

Yps-Club Nicht nur eines der ganz wenigen deutschen Wörter, die mit einem Ypsilon beginnen, sondern auch eine echte Innovation auf dem bundesdeutschen Zeitschriftenmarkt. Die 1975 erstmals im Phasenvertrieb erschienene Zeitschrift «Yps» unterschied sich schon äußerlich von anderen Printprodukten durch eine Zellophanhülle. Denn wichtiger noch als die bunten Bildgeschichten über Wangaroo, das Dschungelkind, die Gespenster GmbH oder einen Cowboy namens Hombre war stets das so genannte Gimmick (englisch von *give me* bzw. *gimme*), das dem Heft beigegeben war.

Nach dem Prinzip Wundertüte fieberten die Yps-Kinder der jeweils neuesten Erfindung entgegen, die sich dem Heft entnehmen ließ: Zaubertricks wie die Geldscheindruckmaschine oder Geheimagenten-Spezialausrüstung wie ein Koffer aus Pappe, der kleine Plastikpfeile verschießen konnte. Die berühmten Urzeitkrebse aus der Tüte brachten Elterngenerationen zur Verzweiflung, weil Mutters Blumenvase kurzerhand konfisziert und zum paläontologischen Forschungsaquarium erklärt wurde. Zwar überdauerte kaum ein Gimmick den Tag. Die Instant-Krebse erinnerten, wenn sie überhaupt einmal gediehen, mehr an planktonartiges Ungeziefer, das Überlebenszelt und der Heißluftballon hatten verdächtige Ähnlichkeit mit großen Müllsäcken. Dies hielt überzeugte Yps-Fans aber nicht davon ab, am nächsten Erscheinungstag schon vor Ladenöffnungszeit vor dem Kiosk auf das neue Heft zu lauern.

Und wenn die mexikanischen Springbohnen längst vergammelt und der Morsespiegel zerbrochen war, dann gab es ja immer noch die Comicgeschichten und Wolfgang Eckes Ratekrimis im Heft, die gewissermaßen als Trostpflaster dienten. Tatsächlich war Yps viel mehr als nur irgendein Heftchen. Zur Leser-Blatt-Bindung trugen maßgeblich so genannte Y.s bei, deren Adressen die Zeitschrift regelmäßig veröffentlichte. Es gab dabei wahlweise Gimmick-orientierte Fanclubs der Zeitschrift selbst sowie Yps-Detektiv-Clubs. Deren durchschnittlich zwölf Jahre alte Mitglieder wurden von der Zeitschrift mit Ausweisen und offiziellen Dienstmarken ausgerüstet und hatten sich nebenamtlich dem Kampf gegen das Verbrechen verschrieben. So gelang es dem Verfasser dieses Lexikons einmal beinahe, mit Hilfe des Fingerabdruckpulvers eine berüchtigte Bande von Fahrradventildieben zu überführen – hätte der Regen nicht die fachgerechte Spurensicherung vereitelt. Mit der Verwaltung der Club-Adressen war die Yps-Redaktion allerdings etwas nachlässig. So konnte es passieren, dass eine eingereichte Club-Adresse erst Jahre später veröffentlicht wurde – was für den vormaligen Y.-Chef peinliche Folgen haben konnte, der mittlerweile längst die Pubertät hinter sich gelassen hatte und nun plötzlich vor der Öffent-

Dienstmarke (Pappe, um 1980)

lichkeit der Nachbarskinder als Chef eines Yps-Detektiv-Clubs enttarnt wurde, den es längst nicht mehr gab.

Die Bedeutung der Zeitschrift Yps, die im Jahr 2000 eingestellt wurde und 2005 wieder als Testausgabe erschien, ist keineswegs zu unterschätzen. Sie führte mehrere Generationen an das Medium Zeitschrift heran und prägte sie nachhaltig. Wer den Agentenkoffer aus Pappe besessen hatte, der trug mit aller Wahrscheinlichkeit Jahre später auch als so genannter Popper einen Aktenkoffer spazieren. Und manche Yps-Fans soll man heute noch daran erkennen, dass sie, selbst wenn sie längst altersgerechte Lektüre wie Spiegel, Stern, Focus oder Playboy kaufen, am Kiosk immer noch unwillkürlich nach dem Gimmick suchen. Aber diese Zeit ist längst vorbei und lässt sich nur ebenso schwer zu neuem Leben erwecken wie die Urzeitkrebse aus der Tüte.

Z

Zampano Wer den großen Z. macht, der spielt den sprichwörtlichen dicken Max. Das Wort findet sich jedoch in kaum einem Wörterbuch, weil es erst in jüngerer Zeit gezeugt wurde. Vater ist der italienische Filmregisseur Federico Fellini (1920–1993). In seinem Film «La Strada» (1954) verkörpert der Schauspieler Anthony Quinn die Rolle des Schaustellers Zampanò, eines Wichtigtuers ersten Ranges, der mit seiner Muskelkraft Eisen biegen kann. Zeitweise wurde das Wort Z. ebenso für Machertypen verwendet wie auch für marktschreierische Naturen, die sich selbst als ganz besonders wichtig inszenieren.

Zaster Moneten, Knatter, Pinke, Mäuse, Kohle, Schotter und ➚ Penunzen: Dem modernen Bankräuber wird dringend abgeraten, solche ganovensprachlichen Starkwörter am Schalter unter der Strumpfmaske hervorzustoßen. Sie könnten die gleiche Wirkung erzielen wie ein quergestreiftes Sträflingskostüm. Wer weiß heute noch, dass man nach dem Zweiten Weltkrieg (1939–1945) mangels harter Währung tatsächlich Kohlen als Zahlungsmittel verwendete? Das schöne alte Wort Z. stammt vom rotwelschen Wort *saster* (Eisen) ab.

Zeter «Zeter und Mordio!» Wer diesen Ruf erschallen ließ, der war vielleicht unter die Räuber gekommen, befand sich aber mindestens in der ➶ Bredouille, wahrscheinlich sogar in größter Not. Der Ausruf «Zetermordio», in alter Zeit zusammengeschrieben, war ein allgemein bekanntes Notsignal. Heute haben sich nur noch das Verb zetern und das Substantiv Gezeter für Jammern und Wehklagen erhalten. Droht aber Gefahr für Leib und Leben, so sollte man besser nicht Zeter oder Mordio schreien. Es wird empfohlen, «Feuer!» zu rufen. Dann alarmieren die zuallererst um ihr eigenes Hab und Gut besorgten Mitmenschen immerhin die Feuerwehr. Hören sie aber Hilfeschreie, so verschließen sie die Tore und schalten das Fernsehgerät ein, um sich zu informieren, was denn draußen vor der Tür so vor sich geht.

ziemen Was sich ziemt, regelte jahrhundertelang der Benimm, über den seit kurzem wieder populäre Ratgeber informieren. Das Verb bedeutet nichts anderes als «es gehört sich» bzw. «schickt sich».

Zinnober Auch Cinnabarit genanntes, tiefrotes Mineral, das vor allem in Spanien, Italien, Serbien und China vorkommt. In Batterien und Tuschkästen zu finden, wo ein Farbton den Namen des Zinnobers trägt. So sind auch die herbstlichen Verse des Dichters Klabund (1890–1928) zu verstehen: «Wie Krieger in Zinnober/Steh'n Bäume auf der Wacht./Ich taumle durch Oktober und Nacht.» In einer Redewendung steht das Wort Z. für überflüssigen bzw. wertlosen Prunk. Dies wohl weniger, weil Z. als unvollkommenes Metall gilt. Wahrscheinlicher ist, dass die Redewendung aus der Zeit des blitzenden Gepränges roter Uniformen und höfischer Prachtgewänder stammt – und diese Zeiten sind lange vorbei.

zünftig Stramme Waden unter gestrickten Socken, festes ➶ Schuhwerk, eine Filzjoppe und ein Gamsbart am Hütchen: Wer so umherlief, der war z. gekleidet. Das Wort hat seinen Ursprung in den ehemals mächtigsten Ständeorganisationen, den Zünften. Die hier organisierten Händler, Handwerker und anderen Berufsgruppen verlangten nicht nur einen strengen Kodex, sondern auch zünftige Kleidung. Ein Zunftzwang galt für die Kleiderordnung von Jungs noch im 20. Jahrhundert. Bis in die frühen 1960er Jahre schickten Eltern ihre männlichen Schulkinder ganzjährig in kurzen Lederhosen auf die Straße, dazu trug man Kniestrümpfe. Kein Wunder, dass in vielen Erinnerungen von ➶ Pennälern die blaugefrorenen Knie eine große Rolle spielen. Lange Hosen waren das sichtbare Zeichen der Pubertät, und um das Tragen von Nietenhosen (neudeutsch: Jeans) wurden Mitte des 20. Jahrhunderts regelrechte Generationenkriege ausgefochten. Derart zünftige, als zweckmäßig empfundene, strapazierfähige Kleidung gilt nur noch in ländlichen Kreisen und bei Alpinisten als tragbar. Die Zünfte selbst mussten ihren Einfluss schon zu Zeiten der Industrialisierung einbüßen, außer in der Schweiz, wo sie sich noch heute einmal im Jahr in ihren zünftigen Gewändern zeigen.

Zwist Altertümlich für Streit bzw. ➶ Hader.

Personenregister